W0222696

Le tatouage de marin

Les gars de la marine

Jérôme Pierrat
Éric Guillon

Éditions Larivière

FAITH
MOTHER
DADDY
Norman
Rockwell

SOMMAIRE

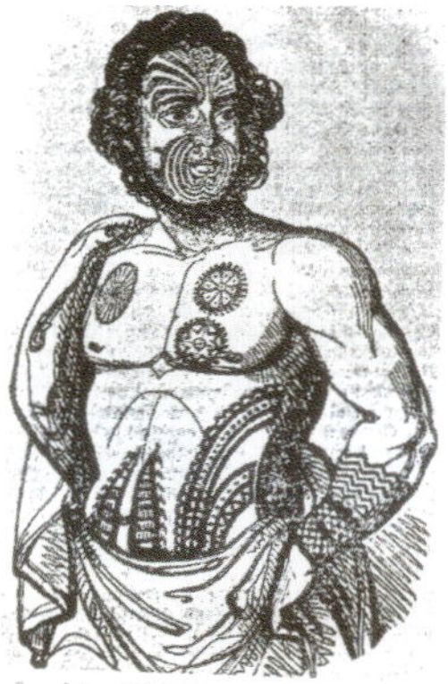

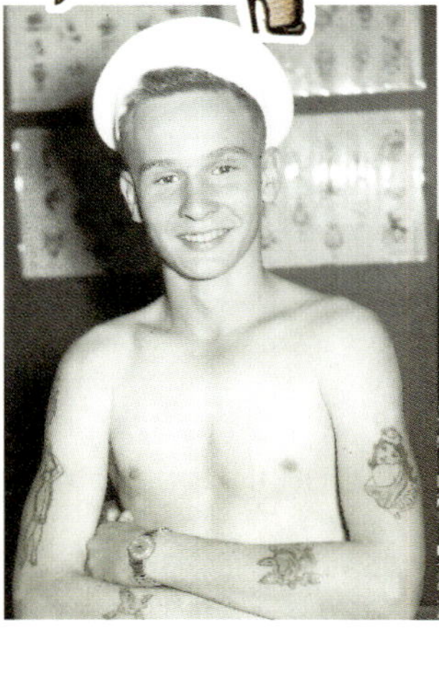

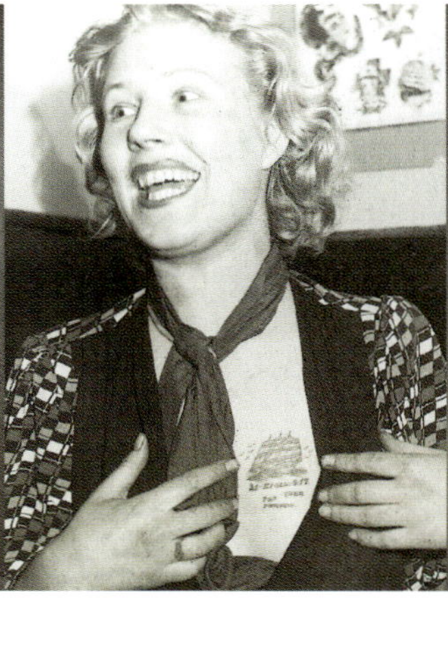

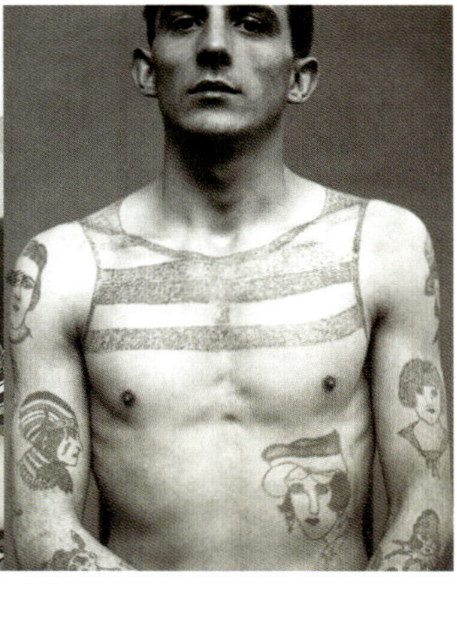

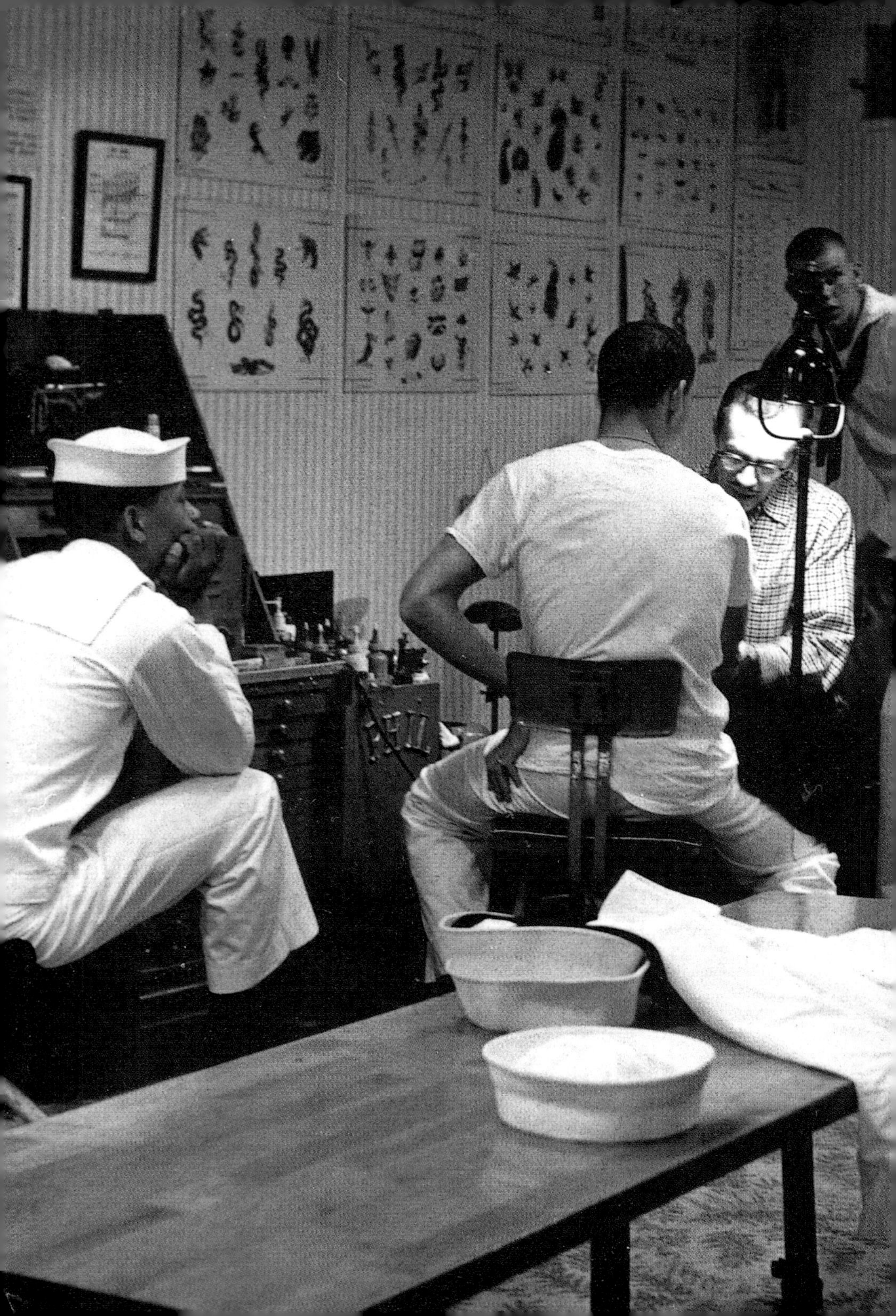
PHIL

À Hambourg, Rotterdam, Londres ou New York, se sont écrites les plus belles pages de l'histoire du tatouage occidental… Des millions de marins, en provenance de tous les coins du globe, ont confié leurs peaux boucanées, aux aiguilles des artistes du lieu…

À la source de cette vague d'encre marine : un virus inoculé à la fin du XVIIIe siècle aux matelots de La Pérouse, Cook et autres découvreurs de terres polynésiennes. De retour au port, les tatoués s'exhibent et enjolivent… Paradis exotiques, vahinés, voyages aux longs cours : la légende s'empare du tatouage…
Dès lors, chaque mousse, chaque marin en partance honore la tradition de l'encrage : ancres câblées, sirènes, voiliers… manches relevées sur les avant bras, les matafs exhibent leurs états de service. Dans l'imaginaire occidental, l'image du marin tatoué est ancrée pour deux siècles…

Du temps de la marine à voile, pendant l'ennui des longues traversées, les tatoueurs du bord sont là pour chasser les idées noires à coups d'aiguilles. À l'avènement de la vapeur, la mode s'enrichit de nouvelles inspirations : à Yokohama, Rangoon et autres ports des mers de Chine, le tatouage possède ses lettres de noblesse, mais aussi ses professionnels… L'idée fait son chemin… Dans les villes portuaires des États-Unis puis d'Europe, s'ouvrent les premiers studios : avec les dockers, les marins y sont les clients les plus assidus. À bord, on continue de piquer mais c'est au cours des escales que s'apaisent les passions : dans les quartiers de plaisir, entre hôtels de passes et tavernes, les enseignes lumineuses attirent les marins en bordée. À l'aube du XXe siècle une page se tourne : entre deux coups d'aiguilles, les artistes ont inventé la machine électrique. De quoi susciter les vocations… Aux quatre coins du monde, les marins de tous bords envahissent les studios cherchant à rivaliser avec l'uniforme du vieux loup de mer… Longtemps les ports restent les villes phares de l'encrage. Mais depuis la déferlante des vingt dernières années, les marins ont perdu leur exclusivité. La fin d'un mythe...

Naissance d'un mythe

Pour ces marins du 18e siècle, peut-être la fin du voyage…
D'autres, plus chanceux, auront tout le loisir de goûter aux charmes des îles polynésiennes et notamment de s'initier à l'encrage.

En cette moitié du 18e siècle, le vaste océan Pacifique est en grande partie inexploré et sa carte est constellée de points d'interrogation. Plus pour longtemps... Presque simultanément, le navigateur anglais Cook et le Français Bougainville partent à la découverte des mers du Sud. Le 11 avril 1769, après huit mois de traversée, l'*Endeavour* de Cook jette l'ancre dans la baie de Matavai. L'accueil des Tahitiens est chaleureux : fêtes et banquets se succèdent en l'honneur des invités étrangers. Un jour, les marins assistent à l'étrange cérémonie du "tatau" ou "naonao" qui consiste à décorer le corps de marques bleutées en injectant une sorte d'encre sous la peau. Tous sont fascinés... Envoûtés par le charme de l'île et de ses habitants, les hommes de l'*Endeavour* succombent à leur tour à la coutume locale. Cook, lui, observe... Il est l'un des premiers à décrire cette coutume que ses marins ont baptisé "tattow", traduisant le mot polynésien "tatau" (prononcer tatahou), issu de "ta", qui signifie "heurter" ou "frapper". Le mot fera le tour du monde...

Ce n'était pas la première apparition du tatouage aux occidentaux. Avant eux, les hommes embarqués dans la conquête du "Nouveau Monde" avaient observé cette pratique sous toutes les latitudes : du Brésil au Canada en passant par la Virginie ou les Philippines, l'ensemble des populations étaient touchées par le phénomène. Pour autant, l'idée que des occidentaux aient prêté leurs peaux aux aiguilles indigènes paraît peu probable : à cette époque l'interdit religieux qui frappe le tatouage depuis le début du Moyen Âge est encore vivace, dissuadant les marins d'adopter les coutumes païennes des "sauvages".

Dans les entreponts, à fond de cale, les artistes profitent des moments de repos pour s'adonner au piquage.

Par le biais de ces expéditions, le tatouage est malgré tout réimporté en Europe. Des "Indiens" décorés de "pourpoints", "stigmates", "empreintes", ou "dessins gravés" (selon les termes employés à l'époque) sont exhibés devant les souverains européens ou les scientifiques avant de finir dans les foires populaires.

Après trois mois de séjour dans l'île paradisiaque de Tahiti, et plusieurs mois de navigation, l'*Endeavour* atteint les côtes de l'Angleterre. Dès le débarquement, les membres de l'expédition sont accueillis en héros... Tandis que Cook présente le résultat de ses travaux aux lords de l'Amirauté, les scientifiques tatoués s'exhibent lors des réceptions données en l'honneur des membres de l'expédition.
Dans les tavernes, les marins font un tableau idyllique de la vie des Tahitiens, décrivant avec enthousiasme et sans doute une certaine nostalgie la vie paradisiaque qu'ils ont vécue quelques mois. Ils décrivent les fêtes, la beauté des femmes et leur sensualité, les animaux et la faune extraordinaires, les coutumes étranges... Devant les septiques, ils tombent la veste et dévoilent les tatouages rapportés de ces terres lointaines confirmant ainsi l'existence de ce paradis terrestre. L'image du tatouage est définitivement accolée à celle de l'éden polynésien, se teintant du même coup d'un mélange d'exotisme et d'érotisme.

Après les "Indiens sauvages", des marins de retour du Pacifique montent à leur tour sur le

Dans les premiers temps de la pratique, l'hygiène est inexistante, les dessins naïfs et la technique rudimentaire, mais déjà marine et tatouage forment un couple indissociable

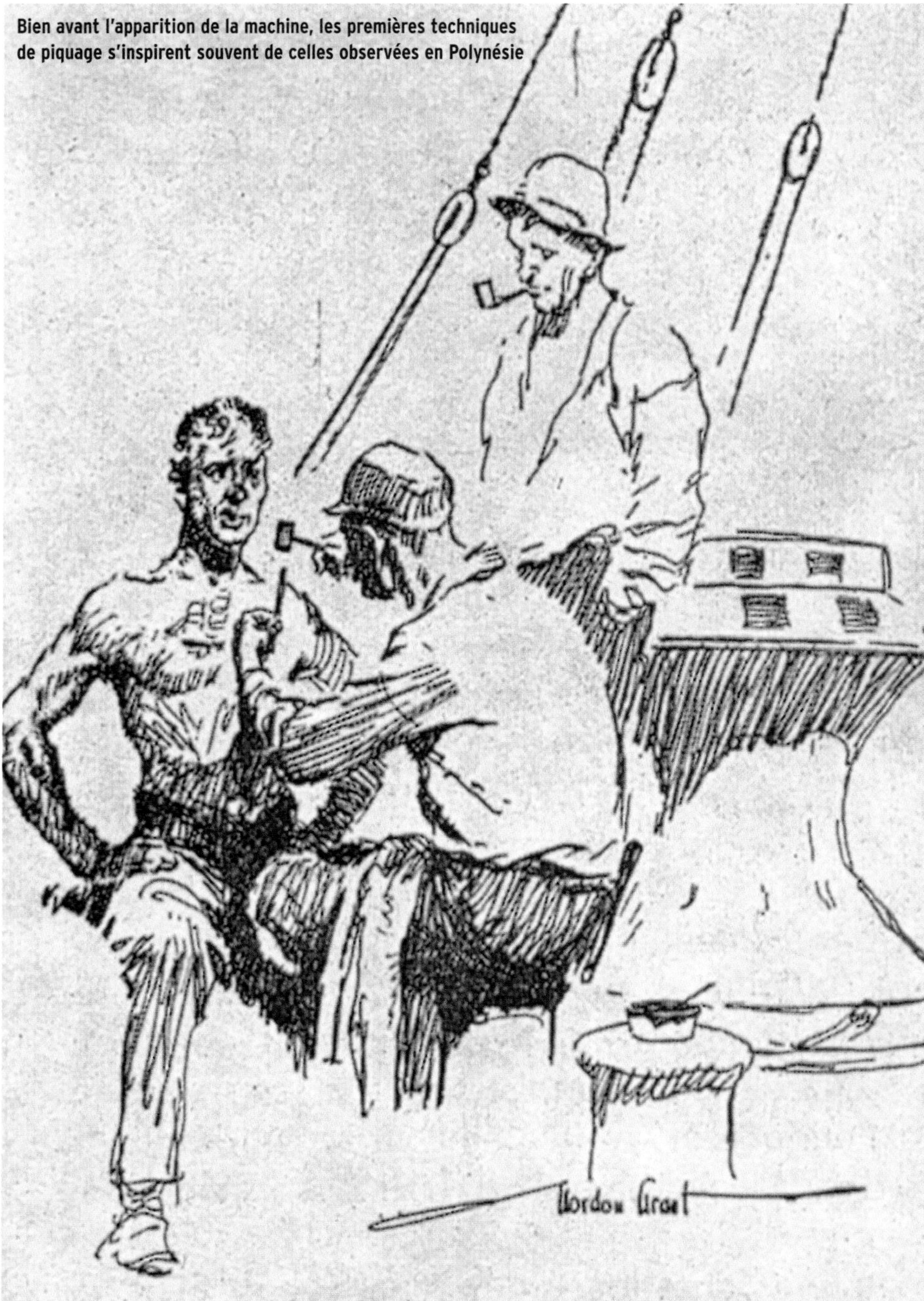

Bien avant l'apparition de la machine, les premières techniques de piquage s'inspirent souvent de celles observées en Polynésie

devant de la scène. Dans toute l'Europe, leurs exhibitions obtiennent un immense succès et déjà, certains forains peu scrupuleux comprennent tout le parti qu'ils peuvent tirer de leur exploitation…
Le premier de ces "marins phénomènes" dont l'histoire du tatouage ait retenu le nom est un français nommé Jean-Baptiste Cabri. Originaire de Bordeaux, Cabri s'embarque en 1794 comme mousse sur un navire corsaire qui, malheureusement, est capturé par les Anglais un an plus tard. Le jeune garçon se retrouve à Porstmouth sur un baleinier en partance pour la Polynésie. Lors d'une escale à Tahuata, aux îles Marquises, il déserte et intègre le clan des Ahu Tini en épousant la fille du chef. Cette cérémonie est certifiée par l'inscription de divers motifs sur le visage et sur le corps du Français. Cinq ans plus tard, l'île est ravagée par les guerres tribales et Cabri profite du mouillage du navire anglais *London* pour prendre le large. En mars 1799, il débarque à Nuku Hiva et épouse à nouveau une fille du chef : nouvelles séances de tatouage…

Au début du 19e siècle, la fréquence des expéditions s'accélère : en 1804, le navigateur Langsdorff jette l'ancre à Nuku Hiva. Cabri lui sert de guide et d'interprète et, quelques années plus tard, offre ses services à l'expédition Von Krusentern. Mal lui en prend : lorsque le navire appareille à la fin de son séjour dans l'archipel, Cabri est à bord. Sans doute ivre, il a été retenu contre sa volonté.

Durant la traversée vers la Russie, il excite la curiosité des marins. Tous veulent goûter à l'encrage et un seul tatoueur installé à bord ne peut suffire à la demande.

Après les premières exhibitions de marins en Europe, l'image du tatouage se teinte pour de longues années, d'un mélange d'exotisme et d'érotisme

Le français Cabri,
un des premiers marins
converti au spectacle de foire.
Il avait rapporté ses "tatau"
de différents mariages
avec des filles de chefs marquisiens.

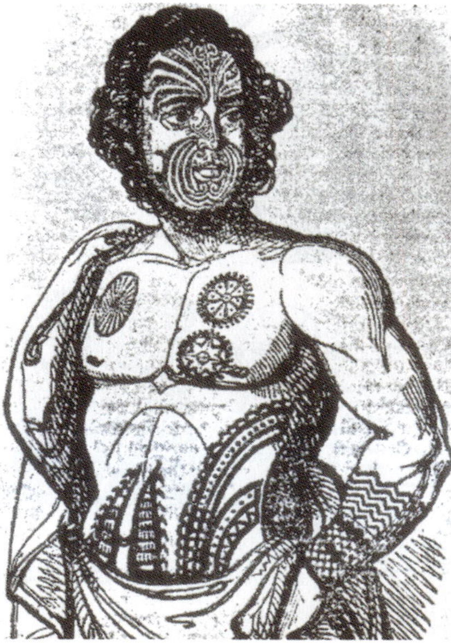

Rutherford, le "Maori Blanc". Il disait avoir été marié et tatoué de force, en Nouvelle-Zélande. Avant que n'éclate la vérité, il rejoint sa famille polynésienne.

À Saint-Petersbourg, Cabri est présenté au tsar auquel il fait forte impression. Mais l'ancien marin n'en a cure : son vœu le plus cher est de retourner auprès de son épouse princière. En attendant, il entraîne les cadets de la marine à Cronsdadt avant d'être finalement rapatrié en France où il tente de survivre en s'exhibant dans les foires. Il meurt à Valenciennes en septembre 1822, sans avoir revu les Marquises. La mairie qui redoute son exhumation par quelque collectionneur macabre le fait enterrer entre deux cadavres dans la fosse commune.

Cabri en son temps a seulement suivi la coutume de sa famille d'adoption et son exhibition n'était qu'un pis aller. Tout autre est la démarche d'un autre marin, l'anglais Rutherford qui débarque un beau jour de 1828 sur le quai de Bristol. Son corps et surtout son visage sont couverts de marques indélébiles. Son histoire ? Pathétique… Lors d'une escale en Nouvelle-Zélande, il a été fait prisonnier par les Maoris qui l'ont ensuite tatoué de force. Pour finir la fille du chef a jeté son dévolu sur lui et l'a épousé. Contraint et forcé, précise-t-il… Il faut dire qu'en Angleterre, Rutherford a laissé femme et enfants, orphelins pendant les cinq ans qu'ont duré sa captivité. Le marin tatoué devient rapidement la coqueluche de la high society londonienne. Sous le sobriquet de Maori blanc, il s'exhibe lors des soirées mondaines. Jusqu'au jour de 1830 où le pot aux roses est découvert : s'il a bien été tatoué et s'est marié en Nouvelle-Zélande, c'est de son plein gré. De quoi écorner quelque peu la légende du Maori blanc… Mais Rutherford, qui a négocié la vente de ses souvenirs auprès du journal New Zélandar, est hors d'atteinte du scandale : il a rejoint sa famille maori avant d'être démasqué.

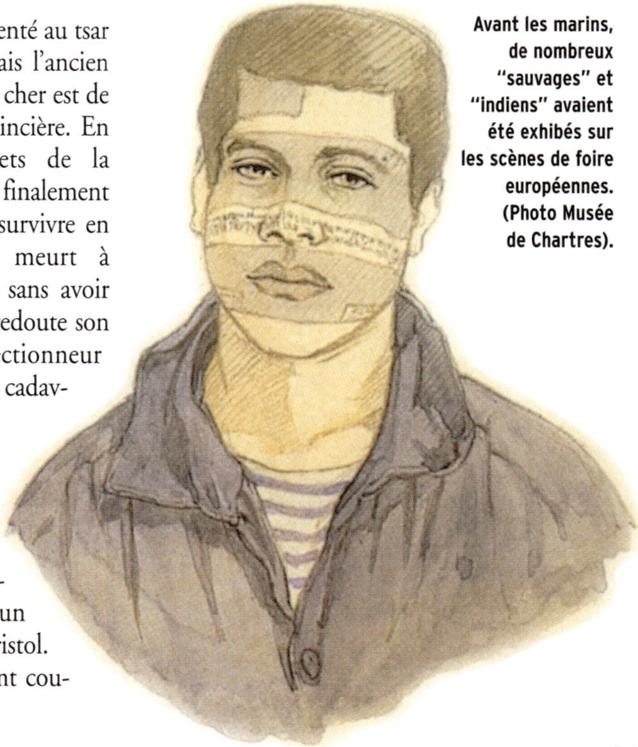

Avant les marins, de nombreux "sauvages" et "indiens" avaient été exhibés sur les scènes de foire européennes. (Photo Musée de Chartres).

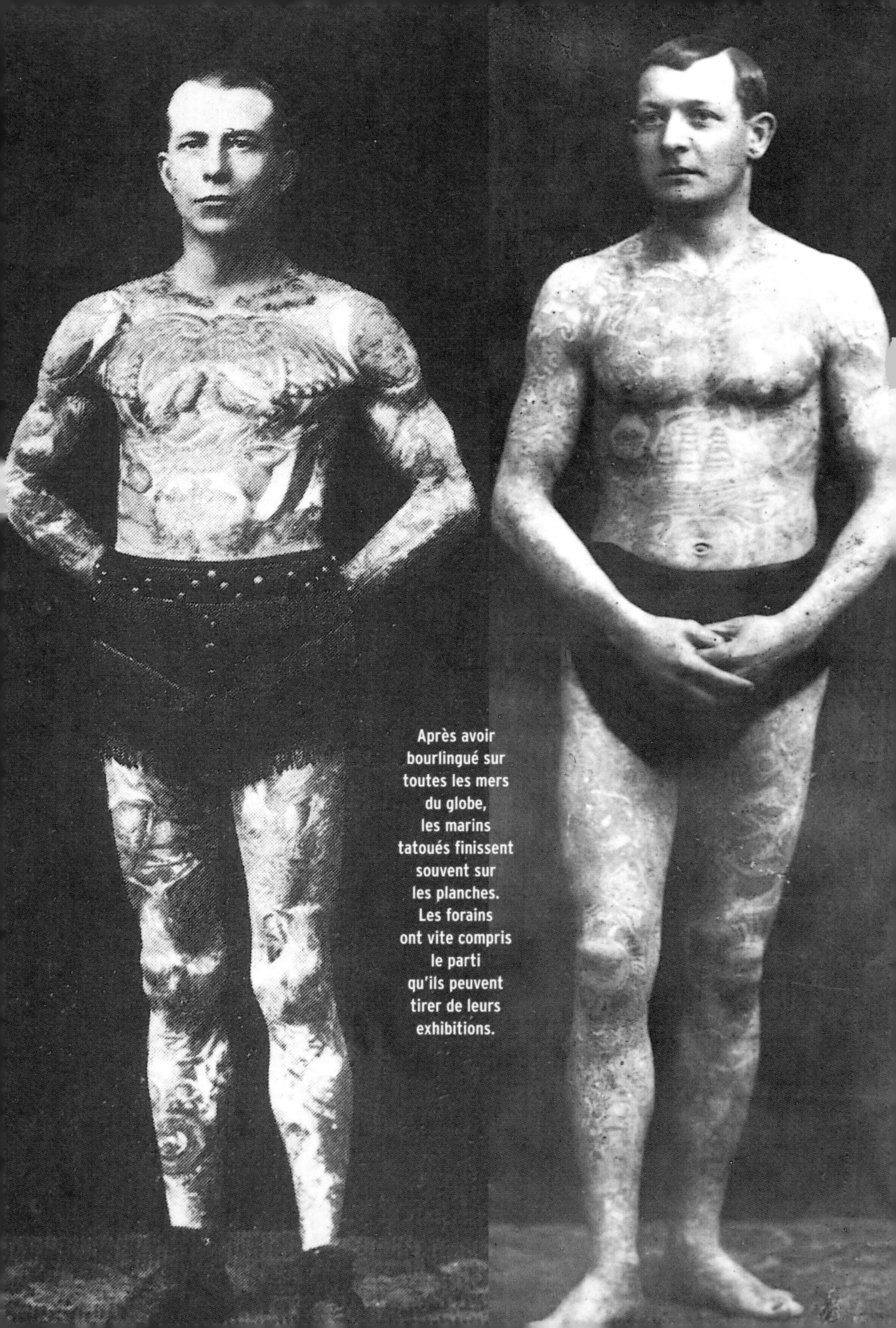

Après avoir bourlingué sur toutes les mers du globe, les marins tatoués finissent souvent sur les planches. Les forains ont vite compris le parti qu'ils peuvent tirer de leurs exhibitions.

Extrême-Orient

Après le Pacifique, les marins s'ancrent dans les mers de Chine.

À l'aube du 19e siècle, la pratique du tatouage a pris ses marques dans l'ensemble des villes portuaires d'Europe. À Bristol, Toulon ou Hambourg, la vocation d'artiste commence à faire recette. Inspirés des techniques japonaise ou birmane, les instruments se composent très simplement d'un faisceau d'aiguilles emmanchées sur un bâton plus ou moins long. Avec le jeu, les filles et la boisson, le piquage devient le passe temps favori des marins en mal de distractions. Bien avant les premiers studios, on pique sur un coin de table dans les tavernes des quartiers mal famés, à fond de cale sur les pontons anglais et bien sûr à bord des navires en partance. La technique est archaïque, les dessins naïfs, l'hygiène inexistante mais déjà, marine et tatouage sont indissociables.

Tout autre est la pratique extrême-orientale. Là-bas, aux confins des mers de Chine, se situe une des principales sources d'encrage. Depuis toujours… Marco Polo, au 13e siècle, avait consacré quelques lignes à cette pratique millénaire dans son livre de souvenirs. Au Laos, au Yunnan et surtout en Birmanie, six cents ans après, le tatouage fait toujours partie des traditions et quelques marins en portent la preuve. À Rangoon, Akyab, les artistes continuent de perpétuer l'iconographie birmane traditionnelle. En Chine, le quartier de Cho-len de Pékin offre filles et aiguilles prêtent à l'emploi avant que Mao n'interdise cette pratique en 1949. Hong Kong prend alors la relève du piquage au bambou local : dans le quartier chaud de Wanchai, les tatoueurs attendent le client au bord de la route, devant l'étalage à terre de leurs flashs. De 1957 à 1975, les clients, en majorité des Américains de retour du Vietnam, épuiseront les onze tatoueurs à l'œuvre.

Mais c'est au pays du Soleil Levant, que la coutume est la plus implantée. Depuis des siècles l'irezumi s'est imposé comme marque d'identification sociale, puis comme expression de la rébellion face au pouvoir en place. La richesse de ses motifs, leur symbolisme et leur esthétisme ont fait le reste : depuis la fin du 18e siècle, l'irebuko a conquis ses lettres de noblesse. Paradoxalement, pourtant, le tatouage a mauvaise presse : considéré comme une pratique de basse classe par les autorités japonaises, les tentatives d'éradication se sont succédées depuis des siècles. Sans succès : malgré l'interdiction officielle, le piquage se pratique sous le manteau au sein d'une dizaine d'adresses à Edo, seules connues des initiés. À la fin de l'ère Togukawa en 1868, le Japon s'ouvre aux étrangers mais le tatouage reste interdit. Cette fois pour d'autres raisons. Comme beaucoup de traditions nippones, l'irebuko est jugé indigne d'une nation civilisée : il ne faut pas paraître ridicule aux yeux des étrangers. On s'en tient donc au décret de 1862 qui l'interdisait… aux Japonais. Les tatoueurs nippons n'en sont pas réduits au chômage pour autant. À bord des navires amé-

Des 1ers studios japonais aux quartiers chauds de Hong Kong, l'Extrême-Orient à toujours été une des places fortes de l'encrage

ricains, anglais ou français qui mouillent à présent dans les ports, les marins espèrent tous un rendez-vous chez l'un des artistes du lieu. Parfois, leur paie entière y passe : les tarifs pratiqués ne sont pas à la portée de toutes les bourses. Si les hommes d'affaires ou les officiers peuvent repartir avec une glorieuse signature, les simples matelots doivent se contenter d'un tattoo "à la façon de". L'un des plus côtés est sans conteste Hori Chyo qui officie dans un bungalow de la banlieue de Yokohama. Dans sa jeunesse, il a appris son art avec le légendaire Hori Yasa de Kyoto. Petit, chétif, pourvu d'un petit bouc argenté, vêtu d'un kimono de soie jaune décoré de dragons et de chrysanthèmes, le Maître ne paie pas de mine. Officiers ou humbles marins, il accueille sa clientèle avec forces courbettes avant de les inviter à se déshabiller et à s'allonger sur une natte. Malgré son handicap, son œil droit avec lequel il ne voit quasiment rien, Chyo enchaîne les clients à une rapidité étonnante, laissant à ses élèves le soin de terminer le dessin aux contours qu'il a préalablement piqué.

Chyo atteindra une renommée internationale après avoir tatoué les deux fils d'Édouard VII, le Duc de Clarence et le Duc d'York (futur Roi George V), en 1882, alors qu'ils servent comme mid-ship, à bord du navire de Sa Majesté, le *Bacchante*. Leur navire, parti depuis trois ans d'Angleterre, vient d'Australie quand il jette l'ancre en rade de Yokohama. Les deux aristocrates sont reçus en grande pompe par le Mikado avant de rendre visite à celui qu'on surnommait déjà "l'empereur des tatoueurs". Un des officiers décrit l'endroit : "La maison est remplie d'images fantastiques : dragons vomissant des flammes, oiseaux fabuleux… Le client, couché sur une natte, la tête appuyée

Chyo, "l'empereur des tatoueurs", a acquis sa notoriété après avoir piqué les fils de la Reine Victoria, marins à bord du *Bacchante*.

sur un petit billot, fume une pipe bourrée d'un léger narcotique…"

Le dragon qu'ils se font tatouer sur leurs avant-bras respectifs, provoque, au retour, la colère de la Reine Mère, mais fait aussi de nombreux émules parmi la noblesse anglo-saxonne. Et si certains se contentent de tatoueurs locaux, le baron de Potsdam, (futur Frédéric III), George 1er de Grèce et le tsar Nicolas II n'hésitent pas, eux, à s'embarquer pour le Japon. Comme beaucoup de ses confrères nippons, Hori Chyo s'expatrie aux États-Unis au début des années 1900. Les tracasseries administratives des autorités (le Mikado accuse Chyo d'avoir tatoué un samouraï avec qui il est en conflit) et peut-être encore plus le contrat que lui propose Max Bandel, un millionnaire passionné de tattoo le décident : 2 400 livres par an sans compter ce que lui rapporteront les clients. À partir de cette époque, le mouvement s'inverse : la clientèle ne se déplace plus, les tatoueurs vont à leurs devants. Beaucoup s'installent à New York où ils importent la technique du hari, leur instrument en bambou, que reprennent nombre de piqueurs américains. Mais les Japonais ne sont pas les seuls asiatiques à piquer sur le sol US : de nombreux Chinois jouent de l'aiguille, particulièrement à la Nouvelle Orléans.

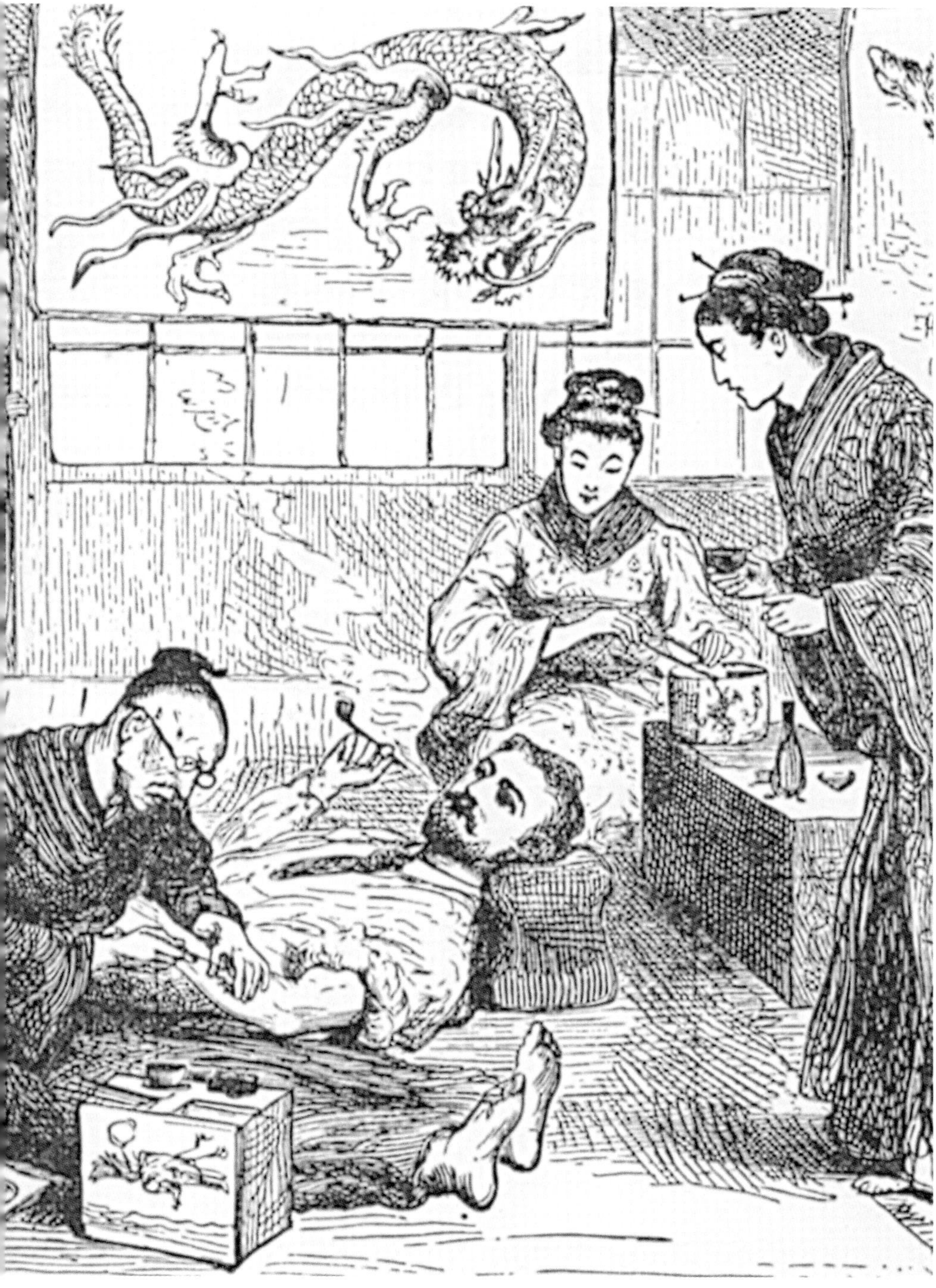

U.S.S. ANCHOR

États-Unis

Sur les côtes est et ouest, les boys font la queue chez les grands de l'encre marine.

Comme le rappelait en 1880 le New yorkais Samuel O'Reilly, inventeur de la machine à tatouer électrique : "un marin sans tatouage n'en est pas vraiment un". Particulièrement aux États-Unis. Au 19e siècle, le tatouage fait partie de l'uniforme obligatoire du mataf. Difficile d'imaginer passer des années de service sans en garder un souvenir encré. En 1908, l'anthropologiste américain A. T. Sinclair estimait que les marins de son pays étaient tatoués à 99 %. En 1913, un chirurgien de la marine, A. Farhenholt, rend public les résultats de ses 26 années d'étude : 60 % des garçons de la Navy sont tatoués. Il note également un déclin des motifs patriotiques traditionnellement piqués. Le tatouage marin, qui concerne à 95 % la marine de guerre, connaît son apogée au 19e siècle, notamment durant la guerre civile et le conflit cubain, entre l'Espagne et les États-unis, qui a suivi. Les boys font alors la queue pour se décorer d'emblèmes patrio-

Installé depuis 1875 à New York, Samuel O'Reilly dépose le brevet de la machine à tatouer électrique en 1891. Une invention qui révolutionne la pratique.

À la fin du 19e siècle, les tatoueurs - comme Charles Wagner, ancien élève de O'Reilly - s'installent chez les barbiers.

Le Bowery dans le quartier de Chatam square à Manhattan concentre la majorité des professionnels de l'aiguille.

tiques : aigles, drapeaux et bateaux envahissent les poitrines, les dos et les bras.

Les instances supérieures de l'armée encouragent même la pratique. Comme le souligne un article de la revue médicale, Lancet, daté de 1880 : “Les autorités du bureau de la guerre paraissent favorables à l'introduction du tatouage dans l'armée comme une garantie contre la désertion ; mais dans ce cas il conviendrait de placer cette opération sous la haute surveillance d'un officier supérieur, afin qu'elle fût pratiquée aseptiquement, ce qui éviterait de nombreux cas d'inoculation de tuberculose et surtout de syphilis.” Tolérés, oui, mais à condition que les dessins ne soient pas à caractère obscène… Une circulaire de 1909 le précise. Tout postulant à un engagement dans la marine de guerre arborant un tatouage déplacé est automatiquement éliminé.

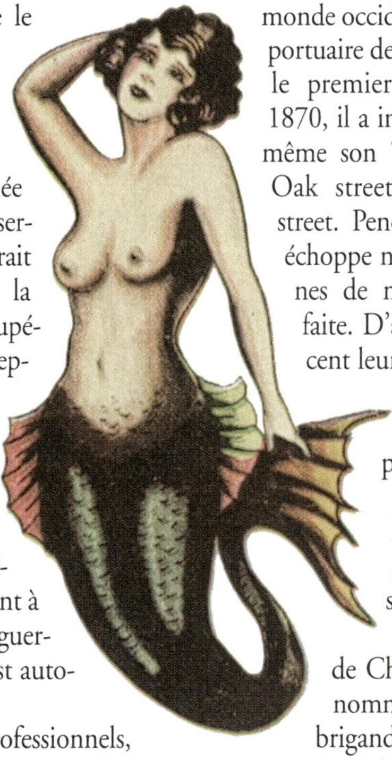

Vers 1850, les tatoueurs, déjà professionnels, travaillent encore à la main et sans studio. Excepté Martin Hildebrandt. Après quelques années d'itinérance, l'immigré allemand ouvre la première boutique de tatouage du monde occidental en 1846 dans la ville portuaire de New York et devient ainsi le premier praticien officiel. Vers 1870, il a installé ce qu'il nomme lui-même son “atelier” (en français) sur Oak street entre Oliver et James street. Pendant la guerre civile, son échoppe ne désemplit pas de centaines de marins. Sa réputation est faite. D'autres professionnels exercent leur talent : l'un de ses élèves, Lee, est installé à Philadelphie, Farrell, lui, pique à Chicago.

Mais la capitale du tatouage marin est New York et son épicentre s'appelle le Bowery dans le quartier de Chatam square. Encore surnommé à l'époque la route des brigands. Ici, les bars le disputent aux bordels, et les théâtres comiques

Durant la guerre de sécession et le conflit hispano-américain qui a suivi à Cuba, les motifs patriotiques sont à la mode.

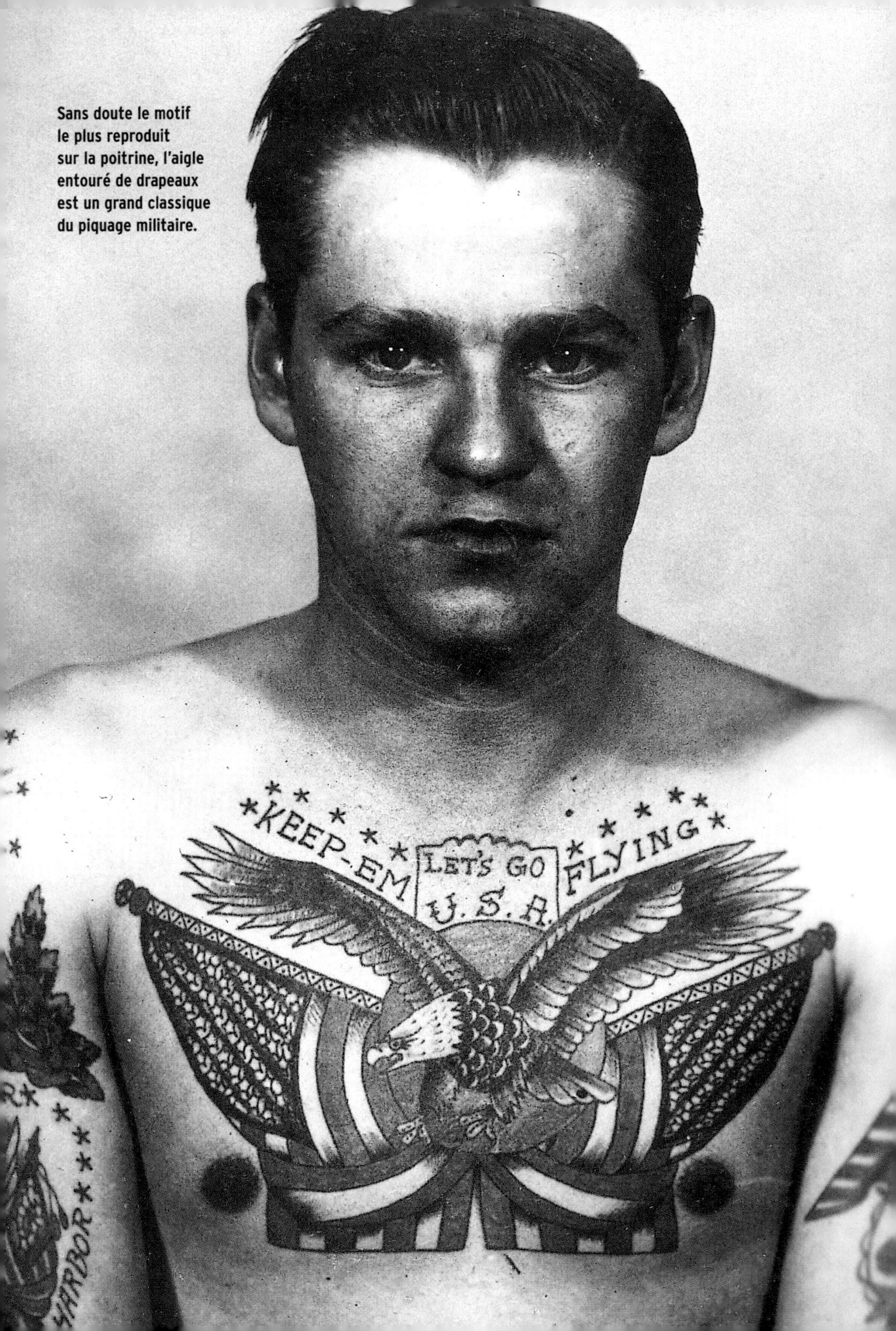

Sans doute le motif le plus reproduit sur la poitrine, l'aigle entouré de drapeaux est un grand classique du piquage militaire.

Au début du 20e siècle, les grands voiliers ont déjà disparu au profit de la vapeur, mais leur représentation est toujours courue.

aux musées à un sou. C'est le royaume des matafs de l'US navy qui, a quelques pas des docks, se perdent sur les trottoirs de South street. Martin Hildebrandt n'est pas le seul. D'autres tatoueurs sont itinérants, un coin de table leur suffit à exercer leur art populaire. Les motifs patriotiques se mêlent aux dragons rapportés d'Extrême-orient. Le débarquement quotidien de marins tatoués aux quatre coins du globe, enrichit l'iconographie locale. À la fin de la guerre civile, c'est au tour des milliers de New-yorkais mobilisés de rapporter sur leur peau le souvenir des champs de bataille. Ville cosmopolite, New York digère les influences.

Samuel O'Reilly a lui aussi choisi de s'y installer en 1875. Il ouvre le deuxième studio après celui d'Hildebrandt. L'homme va révolutionner la pratique. À partir du crayon graveur électrique de Thomas Edison (brevet déposé en octobre 1875 à Londres), il invente la première machine à tatouer, brevetée le 8 décembre 1891. Là où il fallait des heures, désormais quelques minutes suffisent. Le succès est immédiat et la recette avoisine parfois 100 dollars par jour, une fortune à l'époque.

Au 19e siècle, les marins sont les principaux clients. Les navigateurs, nombreux et à la solde régulière, exclusivement dépensée dans les quartiers chauds, constituent le fonds de commerce des premiers professionnels. La formule d'O Reilly fait des émules et bientôt nombre d'itinérants posent leurs sacs près du port. Chatam square devient un haut lieu du tatouage. Les piqueurs s'installent chez les barbiers, louant un espace dans la boutique. Les flashs accompagnent une pancarte placée dans la vitrine.

Parmi ces tatoueurs, le plus connu après O'Reilly est sans doute Charlie Wagner. Né en 1875, l'année de l'installation de O'Reilly, Wagner adolescent est impressionné par un tatoué qui s'exhibe au Grand Museum, sur le Bowery. L'homme est payé 60 dollars par semaine. Charlie délaisse son emploi de veilleur de port et se fait tatouer, avant de devenir l'apprenti d'O'Reilly, en compagnie d'un nommé Ed Smith. À la mort du "Géo Trouvetout", en 1908, Charlie qui s'était octroyé le titre de professeur est devenu le tatoueur le plus prisé de New York. Malgré sa célébrité, il officie dans l'arrière-salle d'un barbier, au 11 Chatam Square, coincé sous un escalier dans un recoin de quelques mètres carrés. Le jeune homme s'est fait un nom en piquant des célébrités telles que May Artoria, femme-phénomène dans un cirque. Contrairement à ses collègues qui utilisent des calques, lui ne travaille qu'à main levée.

Sur le Bowery, opère également Bob wicks qui, du haut de ses 19 ans, est alors considéré comme le plus jeune tatoueur du monde. Il a appris en 1902 avec Wagner. Lui aussi est installé dans une arrière- salle de barbier au 9 Chatam square. Bob Wicks alias Texas Bob

Charlie Wagner, l'un des plus célèbres tatoueurs de New York, à l'œuvre.
Ses tarifs trois fois moins élevés, que ceux de ses collègues attiraient les marins.

ACROSS

EQUATOR

Une fois dans l'échoppe, les marins n'avaient plus qu'à choisir le dessin parmi les modèles exposés sur les murs.

s'appelle en réalité Robert Ferraiolo, né à Brooklyn de parents italiens. Il est assisté par Andy Sturtz qui a fait ses classes près des bases navales de Norfolk en Virginie et de Newport. Au 12 de la rue officie Al Neville, originaire du pays de Galles et qui a appris le tatouage en Inde aux îles Malabar en 1904. Le 16 Bowery est occupé par Sailor Joe van Hart, ancien partenaire de Charlie Wagner. Vient ensuite Professeur Ted, de son vrai nom Edgard Hazzard, au 42 Bowery, près du pont de Manhattan.

Dans ce quartier de durs, où le coup de poing est facile, le métier n'est pas de tout repos. Massés autour du tatoué, les copains boivent sec et braillent forts. Et la distribution de bourre-pifs n'est pas rare. L'ambiance est presque aussi chaude que celle de Sands street à Brooklyn.

Pour arriver dans cette dernière, le visiteur traverse le pont de Manhattan et descend ensuite quelques blocks.

Il y est, en plein cœur du quartier des marins. Situé entre le Cadman plaza et le "Brooklin Navy

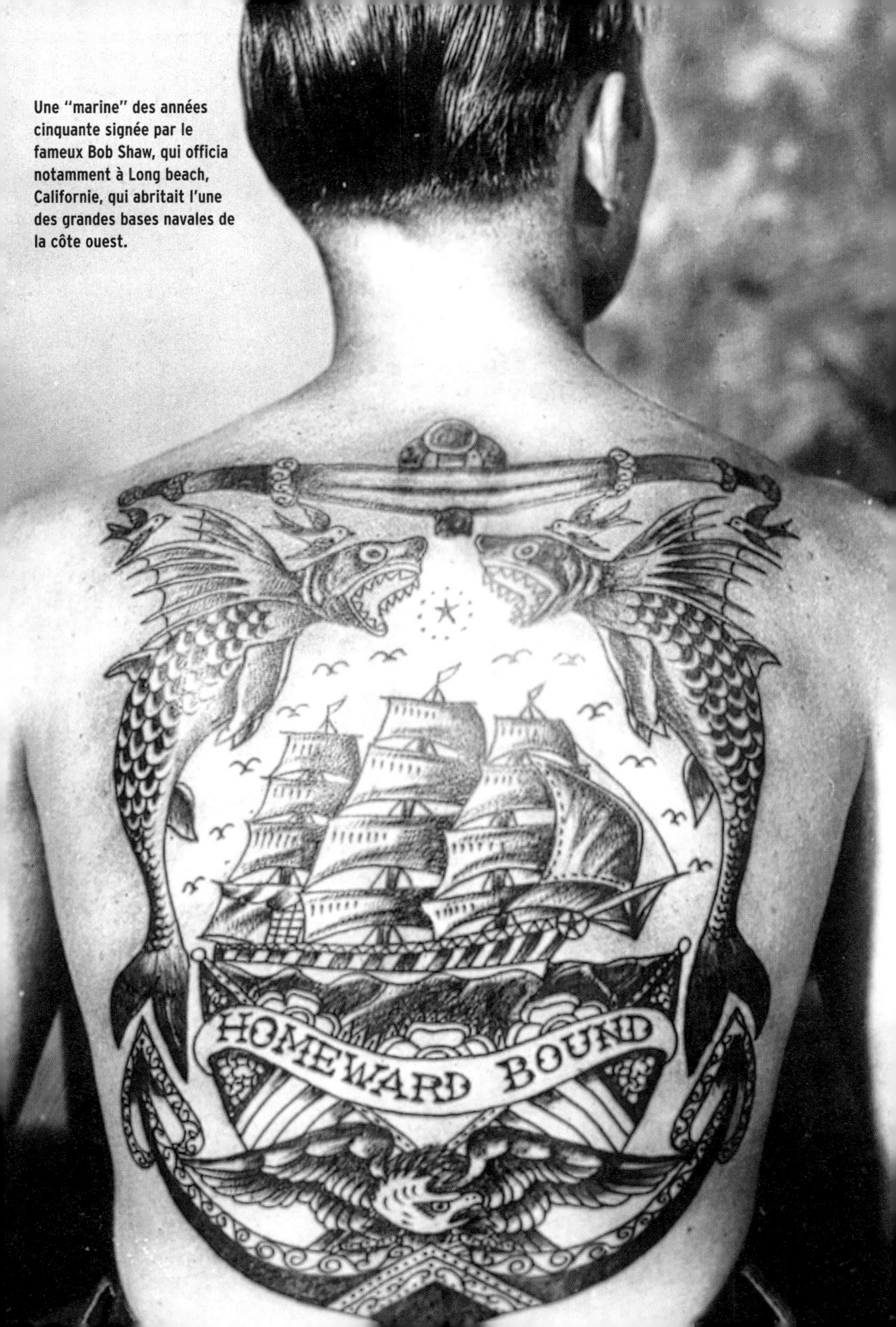

Une "marine" des années cinquante signée par le fameux Bob Shaw, qui officia notamment à Long beach, Californie, qui abritait l'une des grandes bases navales de la côte ouest.

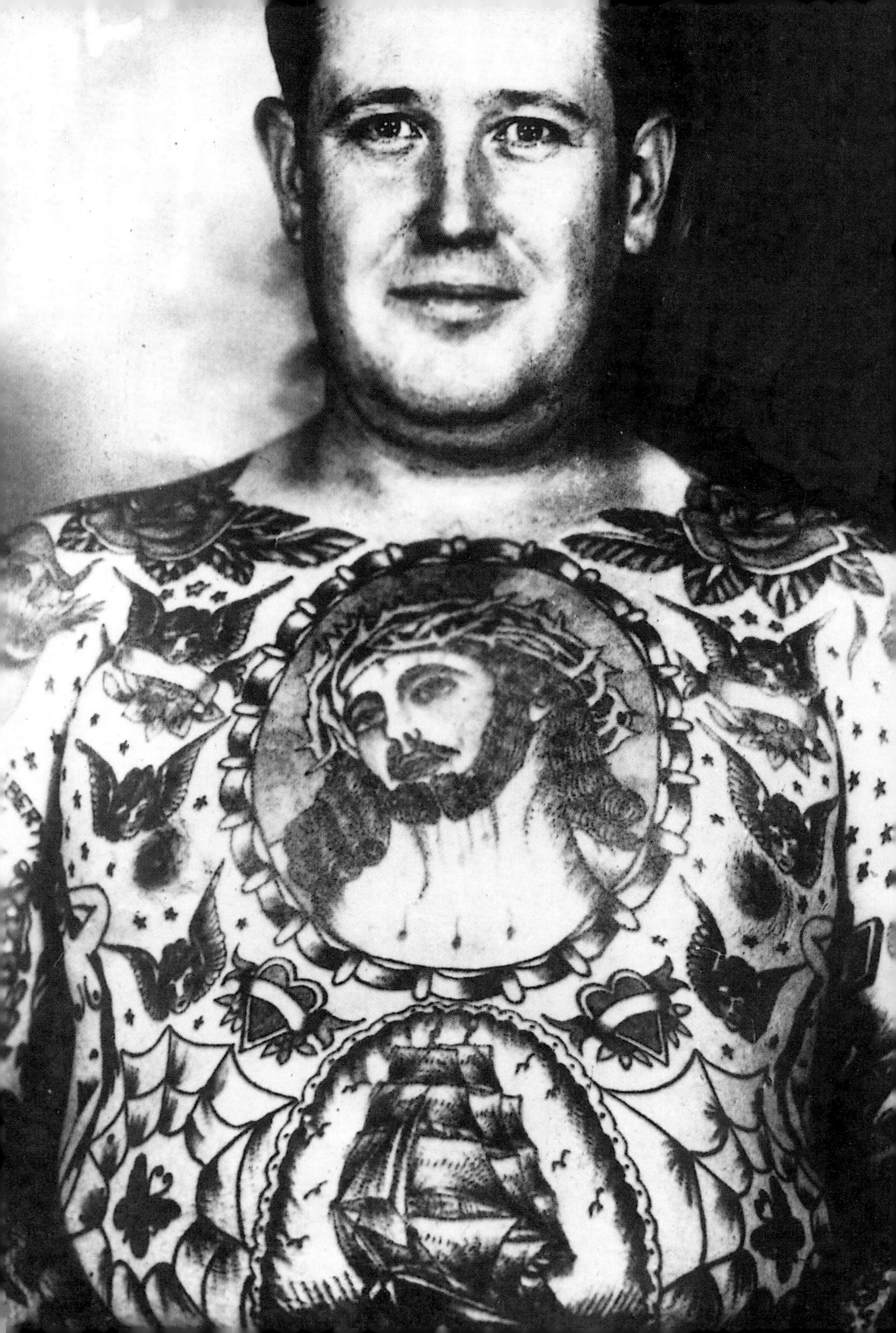

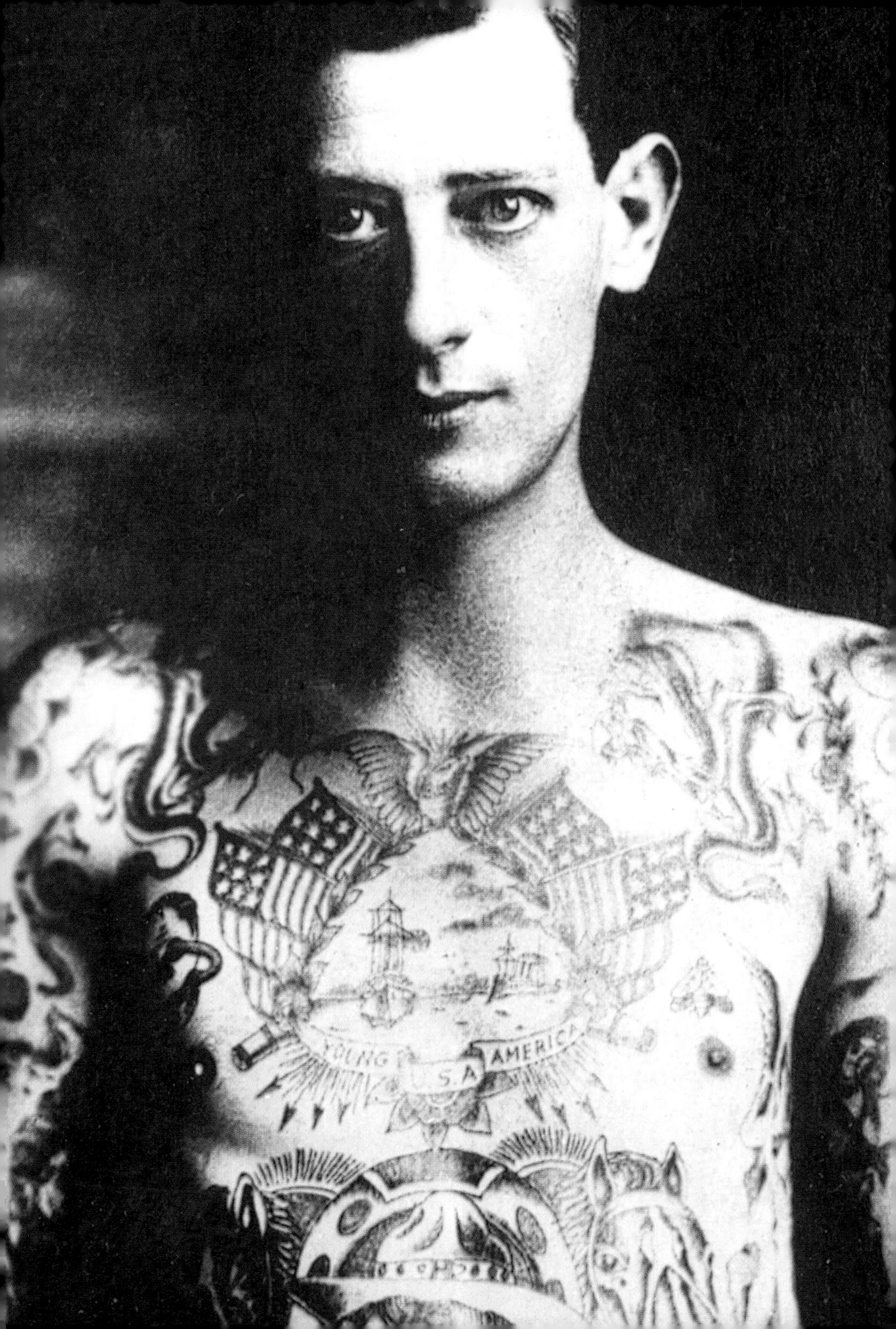
YOUNG
AMERICA
U.S.A

L'adresse de Jack Redcloud, lui aussi hébergé par un barbier, était la plus célèbre de Sands street, le quartier marin de Brooklyn.

yard", Sands street concentre les YMCA (auberge pour marins), des bars et des boîtes. Très vite, les tatoueurs s'installent dans le coin. Comme "Lew the jew" Albert qui a ouvert au 85. Après avoir été décorateur en papier peint, puis s'être engagé dans la marine et avoir sillonné les Philippines d'où il est revenu couvert de tatouage, Lew se pose à NY City avec le virus de l'encre et se met frénétiquement au travail devenant une référence nationale. Jack Redcloud est l'autre pointure du coin. Originaire de Nouvelle-Angleterre, réputé cinglé, il travaille chez un barbier au numéro 129 de la rue. En 1925, Bob Wicks lui tatoue un christ sur le crâne. Jack pensait faire fortune en s'exhibant dans les cirques…

À Sands street, Billy Donnely, qui avait visité la Nouvelle-Zélande et ses Maoris, et Jim Wilson ne déparent pas non plus. Selon les époques, de quatre à six tatoueurs se partagent la clientèle. Certains opèrent dans leurs voitures hélant le candidat sur le trottoir.
Ils ne sont pas les seuls à traquer la peau de marin. D'autres piqueurs brillent à travers le pays en ce premier quart de 20e siècle.

La maîtrise de la mécanique et de ses réglages devient indispensable au tatoueur moderne, compliquant ainsi le métier. En plus d'un bon coup de crayon, les secrets d'utilisation, les petits trucs font la différence et s'échangent dans des cercles restreints. L'apparition d'adresses fixes et d'un savoir technique pour

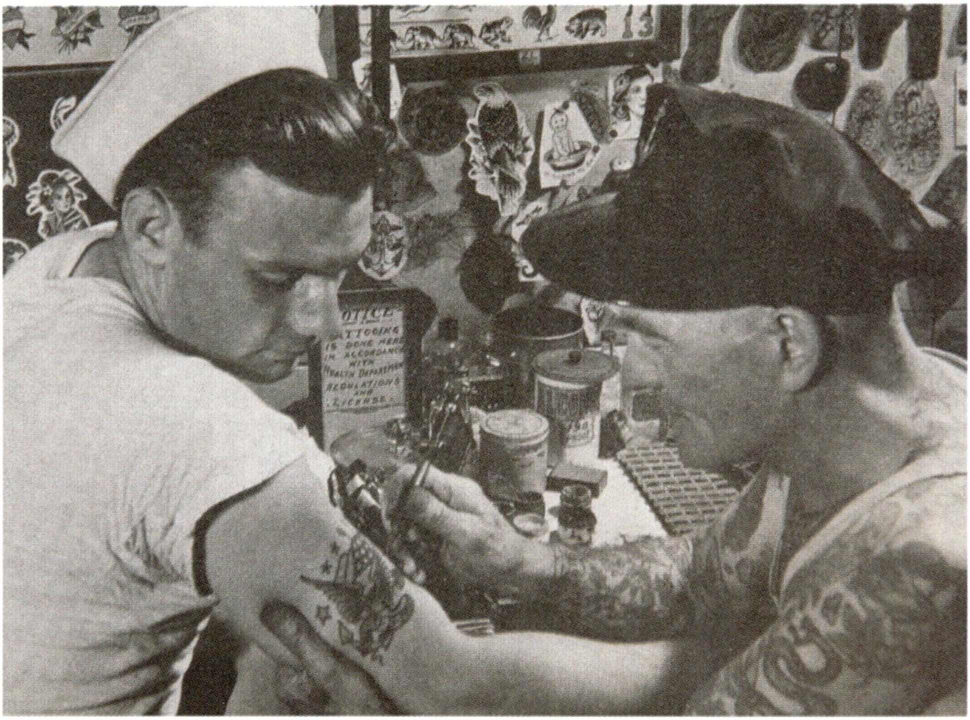
Des années 1920 à 1950, les dessins de Captain Coleman, de Norfolk en Virginie, ont fait le tour de la planète.

les tatoueurs favorisent les échanges nationaux. Les réputations se font dans les ports du pays. G. Kreuger joue des aiguilles à Seattle, Prof Steelman et Louis Morgan à San Francisco, Howard Smith et Dad E. W. Liberty à Boston, Georges Pennell à la Nouvelle Orléans, la tatoueuse Lenora Platt est à Norfolk, Lonesome Jack, Harry V. Lawson qui possède un studio des plus modernes et Gus Wagner sont à Los Angeles. Ce dernier est né à Marietta dans l'Ohio en 1872. Parti de sa ville natale en 1896, il passe six ans dans la marine marchande. À Java et Borneo, il apprend à piquer selon les techniques locales. De retour au pays, Gus exerce en commençant par tatouer entièrement sa femme, Stevens, qui s'exhibe ensuite dans les cirques. Gus ne tatoue pas à l'électrique, utilisant plutôt la technique manuelle de Borneo. D'autres comme "Old Dutch" de Chicago refusent également le progrès.

Aux côtés des studios naissants, nombre d'itinérants officient encore dans les auberges, salles de billard et autres bars. Ils s'appellent Sailor Dell, J.H Tryon, Prof Bowers, A. E. Dennis, H. Cooper…

Les "professeurs" sont en vogue, soulignant le côté technique du tatouage électrique, mais les Sailor et Captain sont eux légions, et ce jusque dans les années cinquante.

Sailor Raph et Sailor Barney sont à New York, Sailor Jack à Norfolk, Sailor Eddie, Sailor Don et Sailor Freedy sont à Coney island, Sailor Bill à Chicago, Old Sailor Jack à Hopskinville etc.

Les deux Wagner, O'Reilly, Hildebrandt et autres Redcloud ne sont pas les seuls à inscrire leur nom au panthéon des tatoueurs de marins. August "captain" Coleman, né en 1884 à Cincinnati (Ohio), est peut-être le plus grand d'entre eux. Ses flashs font le tour du monde et sont repris par nombre de tatoueurs de marins des quatre coins du globe. L'homme à l'éternelle casquette de commandant a ouvert boutique en 1918 sur East Main street à Norfolk (Virginie), qui abrite une importante base navale et un grand port de commerce. Son studio, entouré de nombreux autres, est installé près du vieux théâtre Majestic, un haut lieu du strip-tease. En juin 1950, la municipalité interdit le tatouage et Coleman et ses collègues quittent la ville. Le capitaine pose son sac à Portsmouth, de l'autre côté de l'Elizabeth river, où il meurt en octobre 1973.

La côte ouest n'est pas en reste. En 1912, Georges Fosdick arrive à Portland Oregon. La ville est l'un des plus grands ports de la côte. Sailor Georges, né dans le Wisconsin en janvier 1885, a fait ses classes dans la marine nationale et marchande. Il installe son enseigne sur Burnside street sur le front de mer, non loin de celles de Sailor Gus et de Charlie

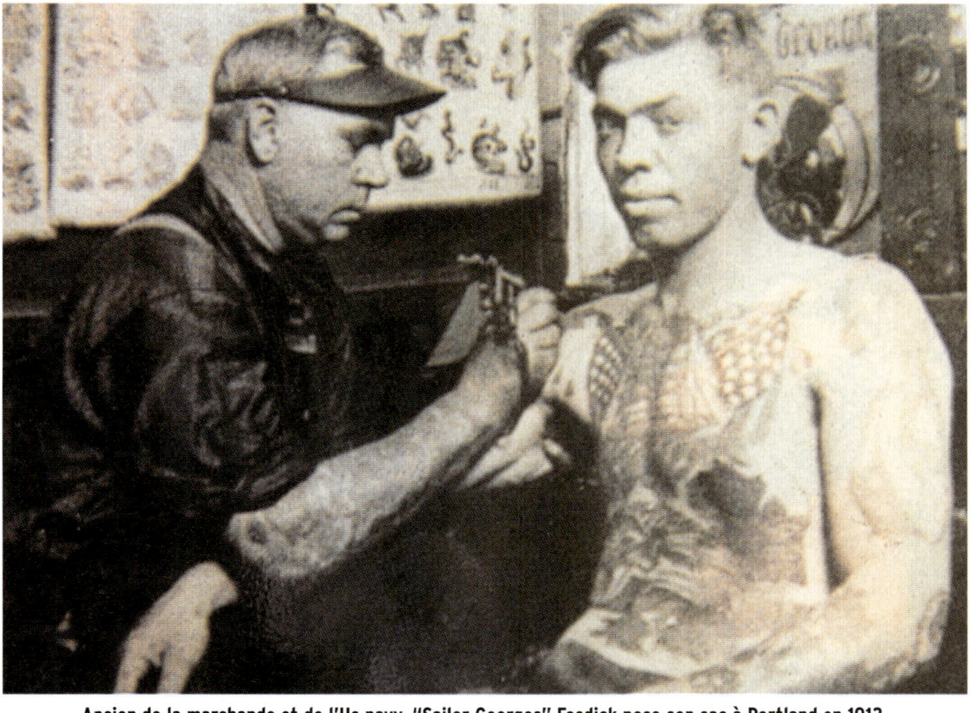

Ancien de la marchande et de l'Us navy, "Sailor Georges" Fosdick pose son sac à Portland en 1912.

DISCHARGE
U.S. NAVY

ROSE OF NOMAN'S LAND.

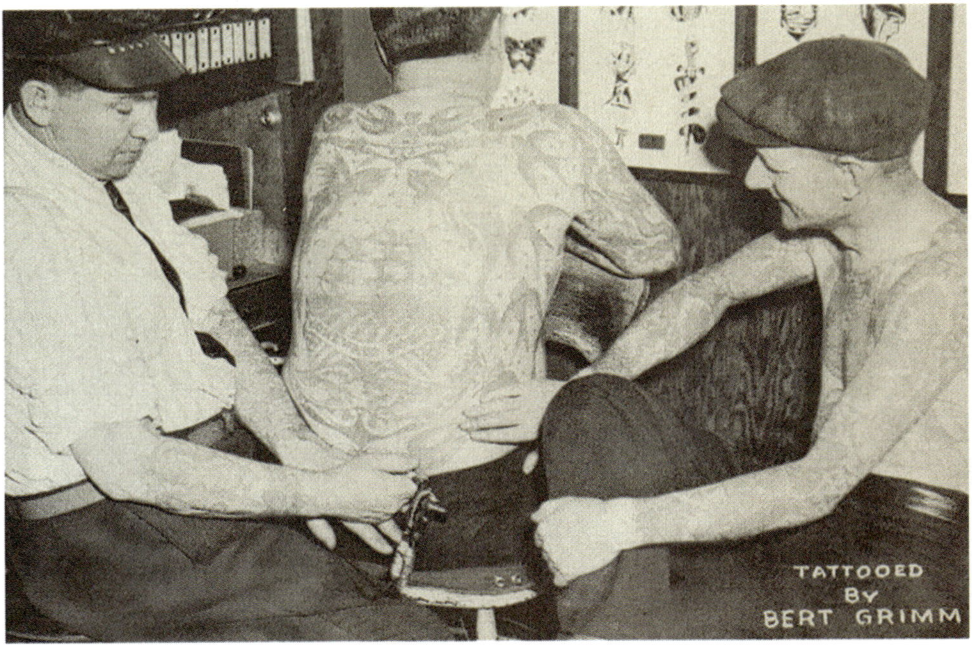

Après des débuts à St Louis Missouri, Bert Grimm ouvre en 1927 à Long beach, Californie. 300 000 marins l'y attendent.

Weston déjà là. D'autres arrivent avec les années comme Danny Danzle et Fred Marequant. Le coin s'appelle Old barbary coast, c'est le repaire de la flotte. Dans les années 1910, un jeune homme tourne autour de la boutique de Fodsick. Bert Grimm, alors vendeur de journaux, file un coup de main et apprend ainsi le métier.

En 1935, George s'installe à Seattle, le port qui a détrôné Portland. Arc Hank est alors sur First avenue et Danny Dentzel sur Pike street. Quatre ans plus tard, il retourne à Portland où il travaille avec Sailor Walter Larson jusqu'en 1940. Il décède six ans plus tard.
Le Pike est le haut lieu californien du tatouage marin. C'est dans ce parc d'attractions, situé à Long beach, près de Los Angeles, que la flotte

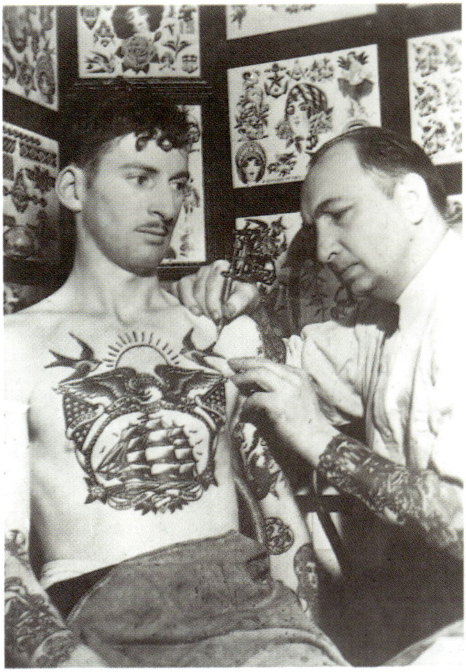

Owen Jensen, tatoueur à Los Angeles, est lui-même abondamment tatoué dans la grande tradition navale.

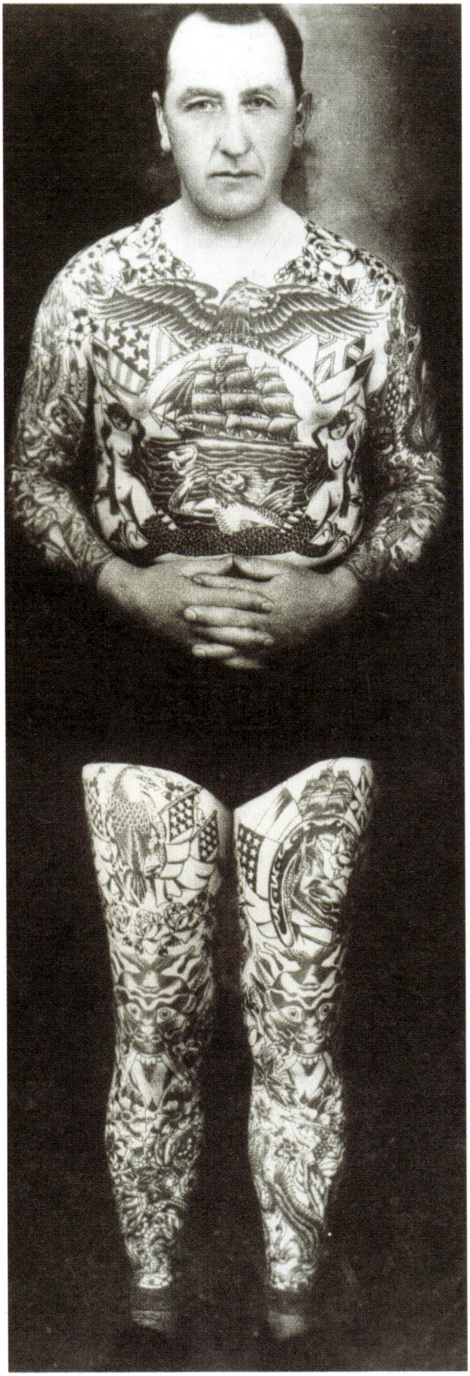

du Pacifique orne sa peau. Les 300 000 marins de la base locale envahissent les six studios de l'époque. Ouvert en 1927, celui de Bert Grimm (1900-1985) au 22 Chestnut street est alors le plus fréquenté. Après s'être fait la main avec Sailor George, Grimm a commencé sa carrière en 1916 à Chicago avant de piquer les marins du Missouri sur les quais de St Louis. La légende colporte qu'il aurait tatoué Bonnie, Clyde et Pretty Boy Floyd, célèbres gangsters. Avec lui travailleront quelques futurs grands noms : Bob Shaw, Colonel Todd… Non loin, à Los Angeles même, c'est Owen Jensen, un ancien marin, qui tient la vedette.

San Diego est l'autre grande place de la côte ouest. Le centre ville concentre salons de massage, studios de tatouage, salles de jeux… Doc Webb, qui a acheté son matériel à Charlie Wagner en 1926, est l'une des figures les plus connues. Casquette de capitaine sur la tête, il tatouera pendant quarante ans (il meurt en

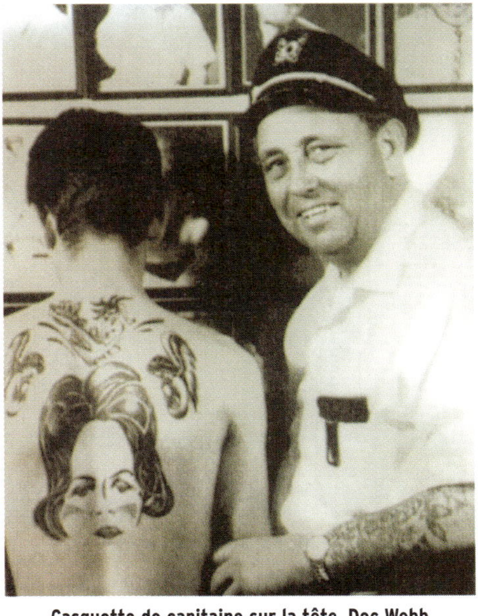

Casquette de capitaine sur la tête, Doc Webb est une figure de la côte ouest. Il tatouera pendant quarante ans.

①→
②↗

③

Dans les années 1920 et 1930, Tahiti Felix opère à Ocean beach, en Californie du sud, un haut lieu de la flotte du pacifique.

1986). Dans les années trente, il rejoint Tahiti Felix qui opère depuis une dizaine d'années à Ocean Beach, autre haut lieu situé en Californie du sud.
Aux côtés des motifs patriotiques, quelques dessins caractéristiques de la marine font leur apparition :
- Les inscriptions hold (tient) et fast (vite) sur les doigts des mains pour aider le matelot de pont.
- Un cochon et un coq sur le dessus des pieds protègent le marin de la noyade. Ces animaux de ferme ne sachant pas nager, ils le porteraient à terre rapidement (déjà les Phéniciens portaient sur le coup de pied une tête de porc censée empêcher la noyade).

- Une ancre signifie que le marin a traversé l'océan atlantique.
- Pour le Cap Horn, c'est un trois-mâts toutes voiles dehors.
- Un dragon indique une escale en Chine.
- Un dragon doré : traversée du méridien de changement de date.
- Un dos de tortue : traversée de l'Équateur.
- Des lampes de babord et tribord tatouées à gauche et à droite du corps.

- Une corde autour du cou désigne le matelot de pont.
- Un couple d'hirondelles sur les mains ou sur la poitrine aide le marin à sortir de l'eau en cas de noyade.

En 1929, c'est la crise. La grande dépression jette des millions d'Américains sur la paille et réduit considérablement la clientèle de matafs. Charlie Wagner à New York en attire la plus grosse partie. Outre sa réputation, il a un atout de choix. Ses tattoos sont à 25 cents/pièce (dans les années vingt, il en coûtait de 2 à 5 dollars). Ce sont es moins chers de la ville.
Les motifs changent, ils sont moins patriotiques. Les traditionnels aigles et drapeaux cèdent leur place, ou côtoient, des symboles plus romantiques dédiés à la mère ou à la fiancée. Les soldats de l'armée de terre ou de l'Air force se font maintenant autant tatouer que leurs collègues marins. Surtout, le pays n'est plus en guerre. Les conflits successifs correspondent aux pics de fréquentation des studios : guerre civile, guerre hispano-américaine de Cuba, première guerre mondiale…

La pratique ne disparaît pas pour autant. Dans les années trente, le Bowery de New York reste la plaque tournante des aiguilles. Mais nombre de tatoueurs sont partis chercher fortune ailleurs. De nouvelles signatures ont fait leur apparition. Parmi elles, Apache Harry, Sailor Ralph et Millie Hull, une femme tatoueuse portée sur la bouteille. Elle possède un petit coin entre un bar et le salon de coiffure de Willie Moskowitz. Ce dernier, coiffeur de métier, s'est mis au tatouage sous l'impulsion de Wagner. Entre deux cou-

Dans les années cinquante, les tatoueurs new-yorkais se concentrent à Coney island (Brooklyn) attirés par les parcs d'attraction.

pes, il pique un client. Au mur, les planches de flashs côtoient les pubs pour lotion… Ses fils, Stanley et Walter, seront les derniers à tatouer sur le Bowery dans Chatam Square, jusqu'à la fermeture des studios en 1964.

"Heureusement", la seconde guerre mondiale apporte un souffle nouveau au monde de l'encre. Dans les années 1940, Sands street qui voit défiler la flotte et renaître les ardeurs patriotiques de celle-ci, reprend vie. Jack Redcloud déménage au 176, Phil Duane dit Dudo au 125… Avec la dépression, le quartier était passé de sept tatoueurs à un seul, Jack Redcloud qui piquait au 139. À l'époque, Donnelly est rentré en Angleterre, Wilson est parti au Panama, Lew the jew à Newark, New Jersey, etc.

Les pros de Sands street retrouvent le sourire pendant le conflit, d'accord, mais à la libération, le nouveau royaume du tatouage s'appelle désormais Coney Island. Depuis la fin du 19e siècle, cette bande de sable qui borde Brooklyn accueille les New-yorkais le dimanche. Dès 1920, le métro dessert les différents parcs d'attractions qui y siègent : Luna park, Dreamland… Baraques foraines, manèges, attractions attirent plus d'un million de personnes les bons jours. Bien vite, les tatoueurs se mettent à suivre leur clientèle. Samuel O'Reilly, déjà, s'installait l'été dans une baraque le long de Stilwell avenue. Bob Wicks, le plus jeune tatoueur, peignait lui les enseignes de baraques. Tandis que Franck Graff, Deafy Grossman et Max Pelz travaillaient sur l'avenue centrale.

Des années 1950 à 1961, la majorité des tatoueurs new-yorkais exercent dans des baraques situées sur Stilwell et Surf avenue : Tony le pirate, les Grecco brothers, Max Pelz, Mickey Colantuono, Crazy Eddie et bien sûr Coney Island Freddy (Wagner, lui, est mort en juillet 1953). Ce dernier commence en 1957. Son premier studio est situé au croisement de la 15th et de Surf avenue où se trouvent la majo-

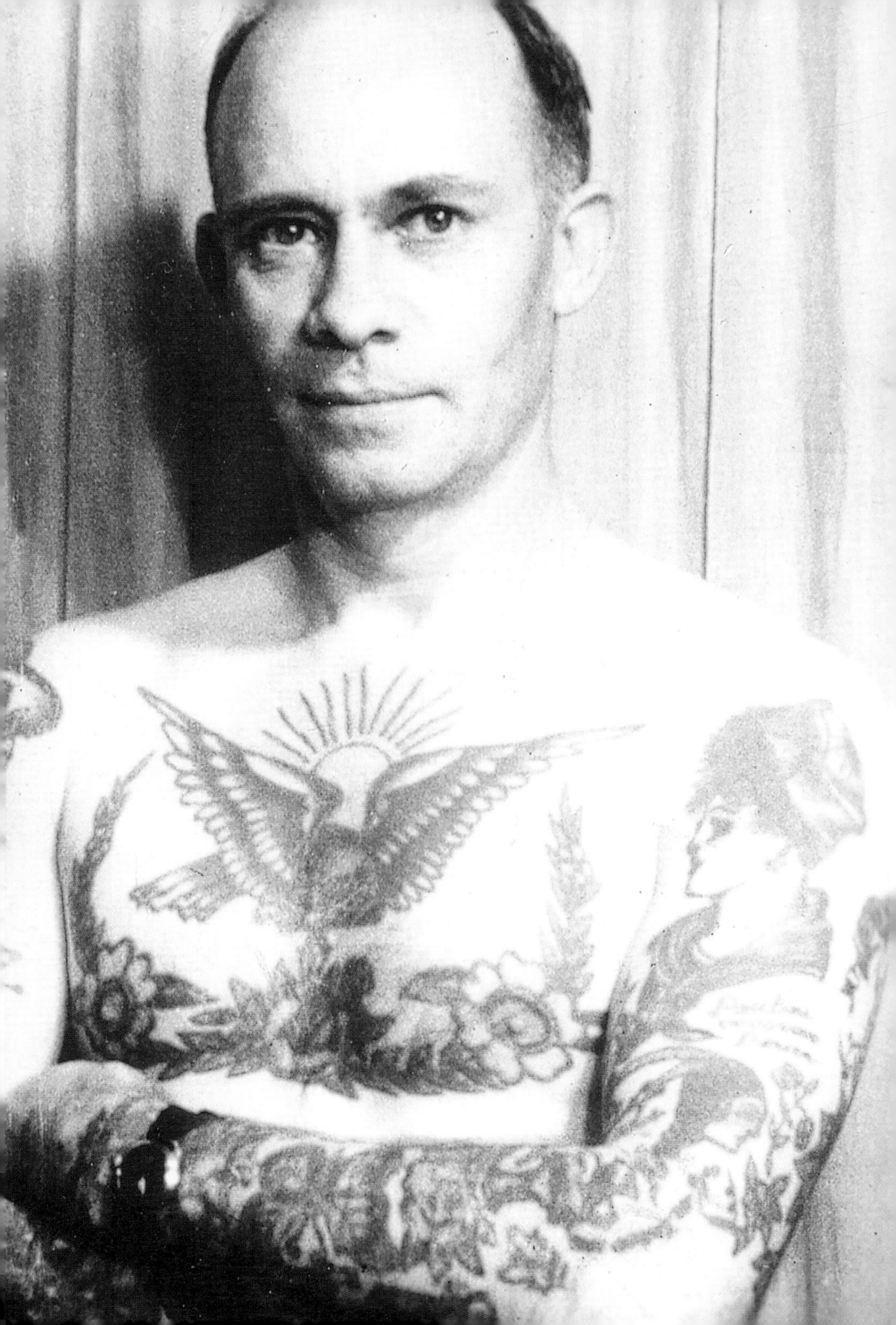

rité des tatoueurs. À l'époque, le prénom, le cœur ou la rose tatoués valent 3 dollars et quand Freddie en touche 15 dans la journée, c'est le bonheur. L'hygiène est rudimentaire, les aiguilles servent de 15 à 20 fois et ne sont changées qu'une fois devenues inutilisables. Durant des années, seul le fameux Brooklyn Blackie possède un studio avec fenêtres et porte.

L'homme a lui aussi commencé sur le Bowery, comme apprenti chez Wagner. À la fin des années 50, il ouvre à Coney Island sur Stilwell et devient un des plus fameux praticiens de New York. Nombres de tatoueurs défilent dans son studio. Parmi eux, ses trois frères, Billy, Jamesie et Joey connus sous le nom des Grecco brothers. Profitant du succès de Blackie, ils ouvrent juste en face de chez lui. De son côté, Blackie se retire en 1960…
Aux côtés des studios, se produisent quantités d'hommes-phénomènes dont certains tatoués : Captain copp, la galerie humaine du tatouage, Jack Dracula…

En 1961, c'est la tuile. Le 1er novembre, le tatouage est définitivement interdit dans les cinq arrondissements de New York : Queens, Staten island, Brooklyn, Manhattan et le Bronx. Coney Island Freddie, récemment installé, se bat jusqu'au bout : “En 1958, il y a eu une terrible épidémie d'hépatite. Cela a duré deux ans. Les gens tombaient comme des mouches. Le conseil de santé a déclaré que la cause en était la consommation de fruits de mer contaminés. L'industrie de la pêche a embauché des avocats et menacé de faire un procès. Le conseil de santé a donc rapidement changé son fusil d'épaule, et prétendue que l'épidémie était propagée par le tatouage. J'ai fait un procès au conseil de santé et la juge a décrété que s'il était prouvé qu'un seul cas d'hépatite était lié au tatouage, il interdirait la pratique le lendemain. Le conseil a fait une déclaration à la presse, indiquant que vingt cas d'hépatite avaient été causés par le tatouage, mais qu'il lui était impossible d'en faire la preuve devant le tribunal. Le juge s'est donc prononcé en ma faveur. Cependant, on était en période d'élec-

4C
A-10
U.S.N.
1
3
4
2
5
CAPT.
OF HEARTS

A SAILORS GRAVE
6
7
8
9

tion, et cela a encouragé le conseil de santé à faire appel. Je n'avais plus les moyens de me battre. Personne ne voulait partager avec moi les frais de justice. Résultat le tatouage a été banni. La raison officielle était que le tatouage “pouvait” contribuer à la propagation de l'hépatite (...)”. La plupart des tatoueurs déménagèrent pour des états légalistes. Quelques-uns restèrent à travailler dans l'illégalité : Coney Island Freddie, Tom de Vita à Chinatown, Tony Polito à Brooklyn… Certains bossant dans leur cuisine. Enfin, la municipalité légalise de nouveau le tatouage en février 1998.

À mi-chemin entre les deux côtes, Chicago, ses grands lacs et ses bases navales, compte également quelques fines aiguilles de la profession. Chicago a une longue tradition du tatouage. Dans les années trente, les artistes du coin sont Frisco Bill Moore, installé au 651 south state street, Randy Weeb, Tatts Thomas qui tatoua Lorette Fulkerson de 265 pièces, Paul Hansen, Ralph Johnson…

C'est parce que son poste de professeur à l'Université de Chicago l'ennuie que Samuel M. Steward décide de changer de vie. Au cours de littérature clas-

Les jeunes marins foncent chez le tatoueur pour entrer dans la confrérie. Et jouer les vieux loups de mer.

Dur de choisir parmi les dizaines de motifs qui s'étalent sur les murs comme dans ce studio de Chicago.

NAME

Flashs de Captain Coleman.

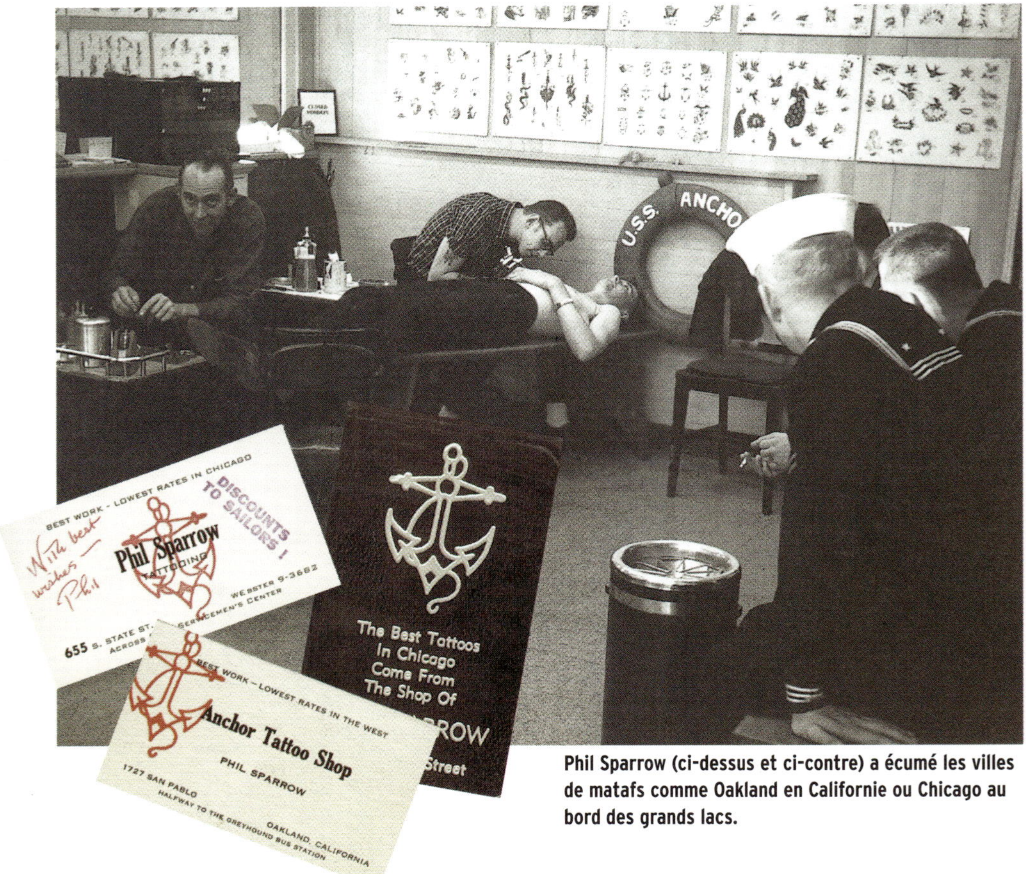

Phil Sparrow (ci-dessus et ci-contre) a écumé les villes de matafs comme Oakland en Californie ou Chicago au bord des grands lacs.

sique anglaise et américaine qu'il dispense dans la journée, Steward préfère les nuits qu'il passe à boire dans certains bars du "Loop", le quartier chaud de Chicago. Les barmans, qui connaissent la marque de son whisky favori l'ont baptisé "Phil Sparrow", autrement dit "Phil le Moineau". Phil, qui sait bien dessiner est fasciné par les flashs qu'il admire dans les vitrines de studios, il décide de se lancer dans le tatouage. Quelques essais plus tard, le "Moineau" vole de ses propres ailes et ouvre une échoppe à Milwaukee, une ville située au nord-ouest de Chicago. L'endroit n'est pas choisi au hasard : non loin l'école d'instruction des jeunes "Marines" constitue, aux yeux du tatoueur, un vivier inépuisable à ses expériences tout azimut…

Le calcul est bon : si la semaine, la clientèle est plutôt rare, le vendredi soir, jour de perm', une queue interminable se forme devant sa boutique. Et tous les week-ends, des dizaines et des dizaines de jeunes militaires passent sous l'aiguille du tatoueur : les ancres de marines, pin-ups, palmiers, voiliers et autres symboles issus de l'iconographie mataf se mettent à fleurir sur les rives de Milwaukee. En ce début des années 50, les thèmes religieux, patriotiques, sentimentaux ou exotiques restent les valeurs sûres même si leur graphisme a évolué depuis quelques années. En ce domaine Phil Sparrow n'invente rien : le style "old school", initié par Coleman et propagé à travers toute l'Amérique, notamment par le grand Sailor Jerry, à toute les faveurs de sa jeune clientèle. Pour eux, d'ailleurs, rien ne compte plus que d'arborer la marque de fabrique que tout marin qui se respecte, se doit de posséder. Et ainsi de passer pour des hommes…

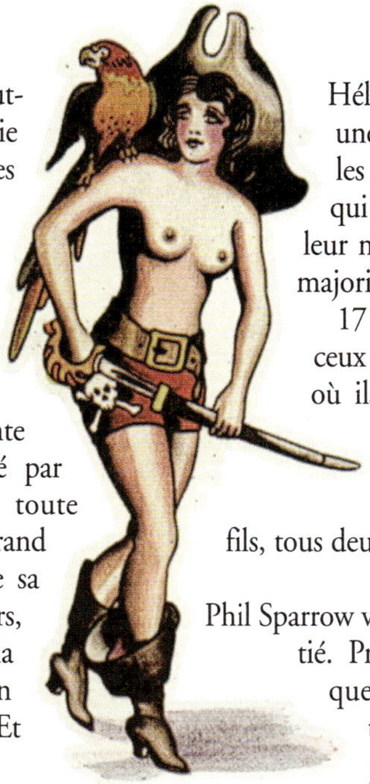

Au début des années 1960, Sparrow a pris sa vitesse de croisière… Il déménage au 655 South State Street, se rapprochant des quartiers chics afin de renforcer sa notoriété.

Hélas, les meilleures choses ont une fin. Alors que se terminent les années 60, la loi des 21 ans, qui oblige les tatoués à attendre leur majorité, coule le business. La majorité des marins-clients a entre 17 et 18 ans… Nombreux sont ceux qui déménagent à Milwaukee où ils rejoignent Amund Dietzel, l'un des plus grands piqueurs américains. D'autres partent chez Ted Liberty et son fils, tous deux praticiens émérites.

Phil Sparrow voit sa clientèle chuter de moitié. Privé de leurs subsides autant que de leur compagnie, le tatoueur met la clef sous la porte et choisit l'exil. Direction l'Ouest américain et ses vastes horizons.
Début 70, il échoue à San Francisco et se met au travail. Concurrence, désaffection pour un métier en pleine métamorphose ou lassitude ?

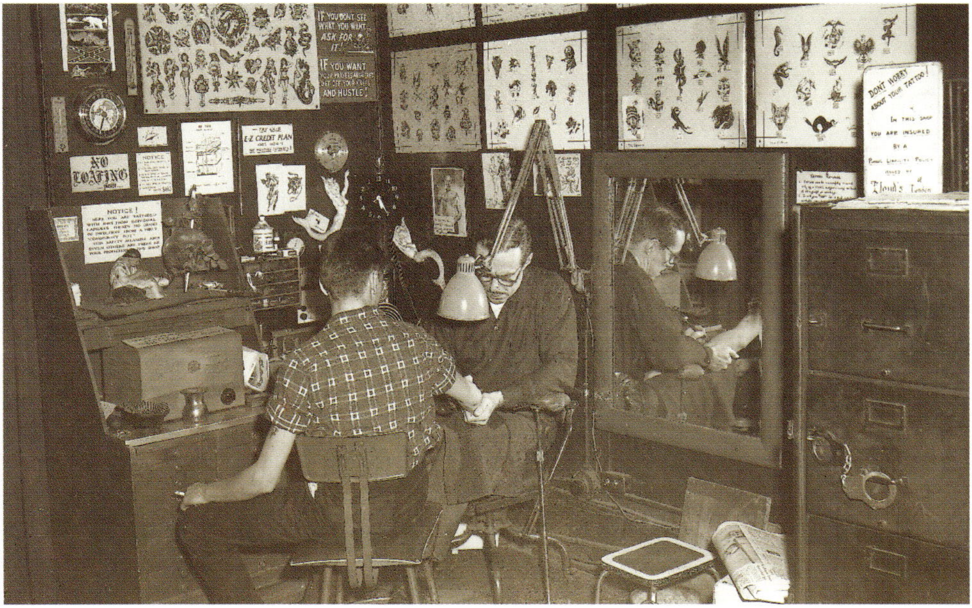

NAME

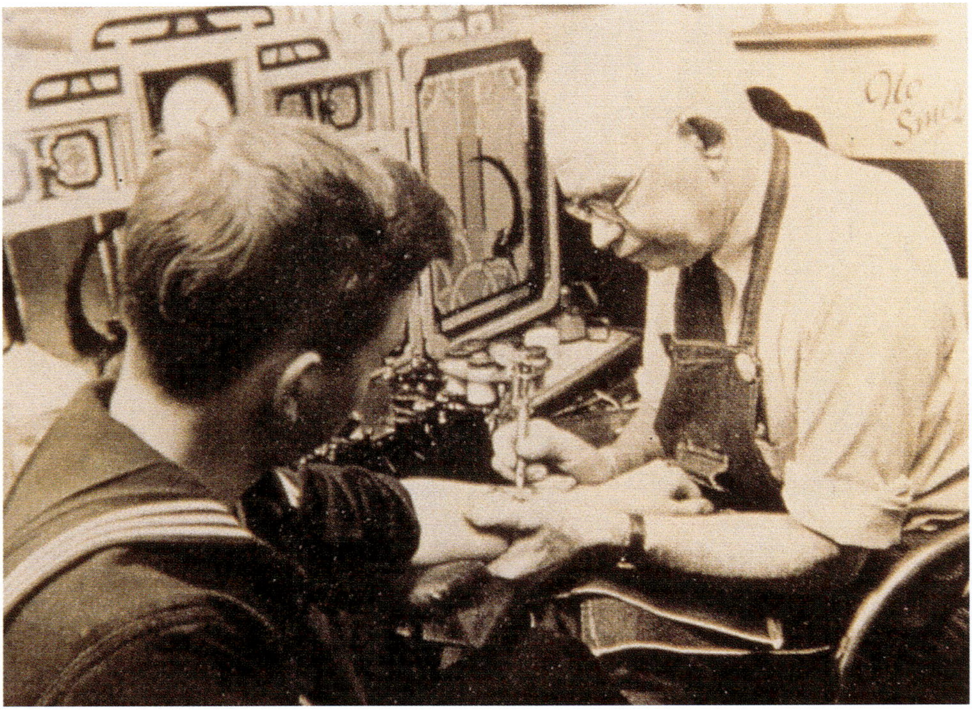

Avec son tablier d'artisan, Amund Dietzel est la référence de Milwaukee.

L'étoile du tatoueur commence à pâlir… Cette fois, en pleine connaissance de cause, Phil Sparrow sait qu'il doit une nouvelle fois changer de cap : après plus de vingt ans d'encrage, l'artiste raccroche ses aiguilles pour saisir la plume de romancier.

Sailor Jerry a lui aussi appris le métier à Chicago. Né en 1911, à Reno (Nevada), Norman Keith Collins de son vrai nom, grandit dans les montagnes arides de la Sierra Nevada. Mais son attirance pour les voyages le pousse à fuir le domicile paternel alors qu'il est tout juste adolescent. Et c'est là, dans les wagons de marchandise de la Western Union, qu'il découvre pour la première fois la pratique de l'encrage auprès des vagabonds comme lui.

Au milieu des années 20, il échoue dans la région de Chicago et s'embarque sur une des nombreux bâtiments qui sillonne les Grands Lacs : Keith se découvre la vocation de marin. Un jour, il fait connaissance avec Tatts Thomas, tatoueur de Chicago qui

décèle en lui un élève doué. Le professeur Tatts lui met la machine en main et l'initie au piquage électrique. Lors de son service militaire en 1928, le marin d'eau douce sert dans l'US Navy et découvre les îles du Pacifique. Il a le coup de foudre pour Hawaï et décide de s'installer à Honolulu en 1930. L'île possède une longue tradition d'encrage, comme toutes celles situées au sein du Triangle polynésien. Et si la machine électrique a remplacé le peigne en os d'antan, Honolulu est une des villes au monde où le tatouage est le plus répandu.

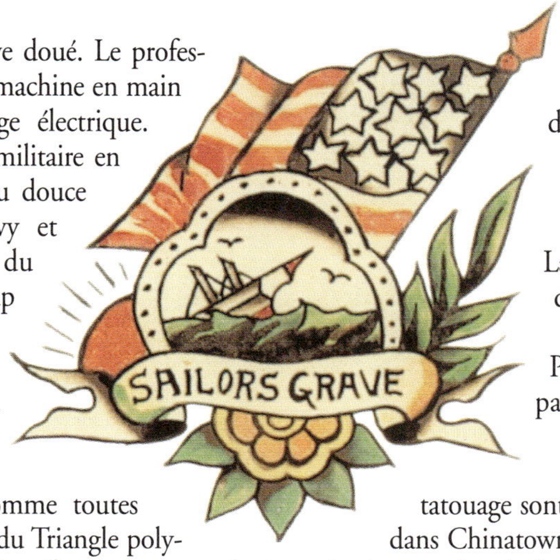

La seconde guerre mondiale y a attiré -tout comme à San juan à Porto Rico où certains partent officier- des milliers de marins. Les boutiques de tatouage sont situées sur Hotel street dans Chinatown, le quartier des marins situés entre les docks et le centre-ville. Elles

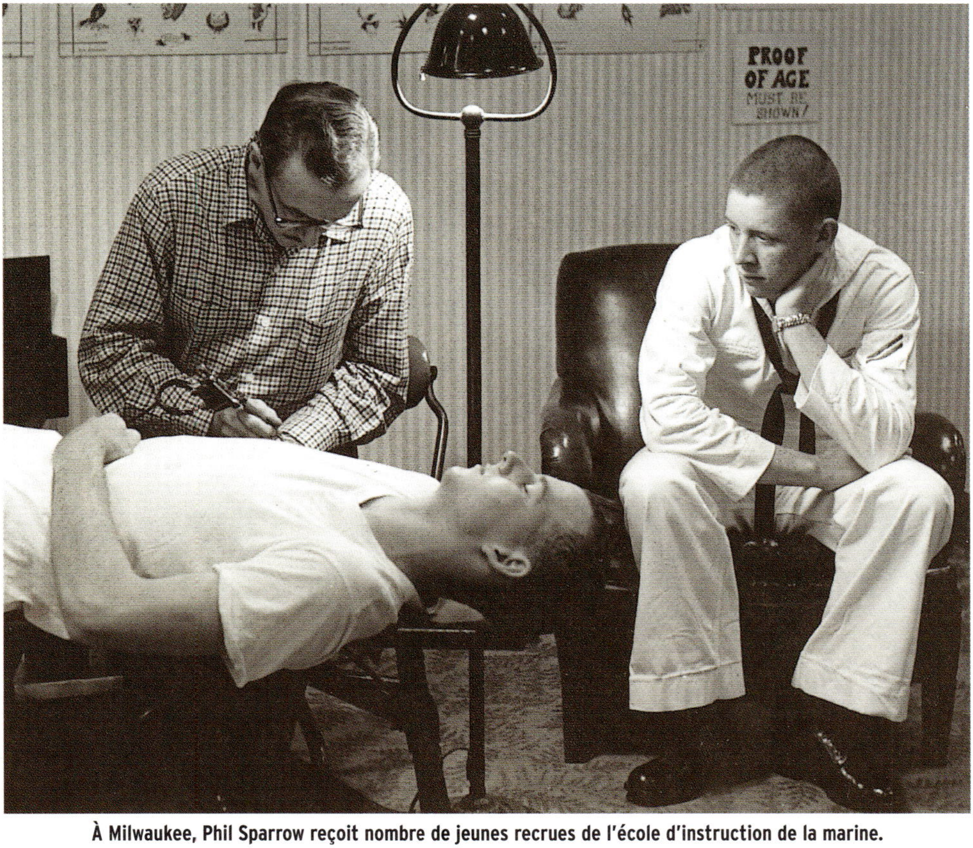

À Milwaukee, Phil Sparrow reçoit nombre de jeunes recrues de l'école d'instruction de la marine.

Hotel street à Honolulu (Hawaï) est le rendez-vous de la marine et des tatoueurs comme Miller.

sont principalement tenues par des Philippins comme Valentine Galang installé dans les années trente. Valentine est issue d'une famille de tatoueurs. Son oncle, Domingo Galang, l'a initié ainsi que son beau-frère Al surnommé "Lefty Al" (le Gaucher) et le frère de celui-ci. Leurs cinq frères et sœurs ainsi que leur père sont tatouées. Avec la guerre d'autres tatoueurs arrivent, Miller, le plus célèbre, Muzzie Marcelino, Fred Thornton, Rosie…

C'est chez Valentine Galand que Keith fait ses premières armes. Il alterne ensuite le boulot de docker avec celui de marin mais n'abandonne pas le tattoo pour autant, piquant au hasard des escales et des ports. Sa notoriété commence à poindre… En 1941, le bombardement japonais de Pearl Harbor, à quelques encablures de Honolulu, le pousse à souscrire un engagement dans l'US Navy mais un problème cardiaque l'en empêche. Il doit se contenter d'un commandement sur un navire marchand. Pendant le conflit, Hawaï devient la plus grande base américaine du Pacifique. L'encre coule à flots : des milliers de marins en partance ou de retour des combats passent par Hotel Street, la rue des tatoueurs.

Dès la fin des hostilités, Norman Keith y ouvre un premier studio à l'enseigne de "Sailor Jerry Tattoo", puis au cours des années, inaugure d'autres boutiques le long d'Hotel Street, en compagnie de Tom, son associé chinois. Les affaires sont prospères… Trop peut-être. Au début des années 1950, le fisc américain s'intéresse de très près aux affaires du marin tatoueur qui, sur un coup de tête, abandonne la machine. Dix ans plus tard, Bob Palm, le tatoueur californien, le persuade

de reprendre un studio en association avec lui. Sailor Jerry se laisse tenter et tous deux s'établissent 1 033 Smith Street en plein Chinatown. Après deux ans de travail, Palm lui vend ses part : Jerry est désormais seul maître à bord. Entre deux tattoos, Sailor Jerry entame une correspondance avec ses confrères du monde entier, américains, anglais et européen auprès desquels il tire conseils et critiques. Surmontant sa rancœur envers les japonais depuis Pearl Harbor, il correspond avec les maîtres japonais, en particulier avec Horiyoshi II. L'américain, qui éprouve un grand respect pour le tatouage japonais, cherche à le copier

Sailor Jerry a ouvert dans l'île en 1945. Ses dessins fantaisistes (à gauche) lui assurent une renommée mondiale.

Pendant la seconde guerre mondiale, et à chaque conflit en général, le tatouage militaire revit.

en synthétisant les meilleurs aspects de l'exotisme avec le goût typiquement américain. Il introduit la mode des manchettes et des dos complets et pour la première fois, dragons, carpes et autres dieux du Panthéon nippon naissent sous les aiguilles d'un tatoueur occidental. Son style et son catalogue, toujours utilisés, ont survécu à sa mort en 1973.

Dans tous les grands ports du monde, notamment anglo-saxons, les studios fleurissent et les machines à tatouer résonnent.
Au Canada, comme aux États-Unis, les tatoueurs occupent un petit espace chez les barbiers ou dans les salles de billard. À Québec, dès les années 1920, les pros tels que Sailor Simmons, Joe Lavoie, Doc Forbes se regroupent dans le centre-ville. Sur la côte ouest, Vancouver concentre les marins et les talents : Curly Allen, qui pique de 1929 à 1979, Danny Dentzel qui fait des allers et retours avec Seattle, Doc Forbes qui s'installe après guerre et restera jusqu'à sa mort en 1984…

L'Australie n'est pas en reste. Dans les années trente et quarante, la star locale s'appelle Long Andy Libarry, un marin de commerce fameux pour ses pin-ups, En 1942, Bob woods, 19 ans, ouvre lui à Melbourne.

En Afrique du sud, l'Anglais George Burchett est invité au Cap en 1911 pour y exercer son talent, faute de tatoueurs locaux. Il y reste quelques mois. Avant la seconde guerre mondiale, un seul tatoueur œuvre sur les quais du Cap, le professeur Watts. Il est bientôt rejoint par Jimmy Adams. Né en 1924, Jimmy a grandi dans un orphelinat et a travaillé très jeune. À l'âge de quinze ans, peu de temps avant

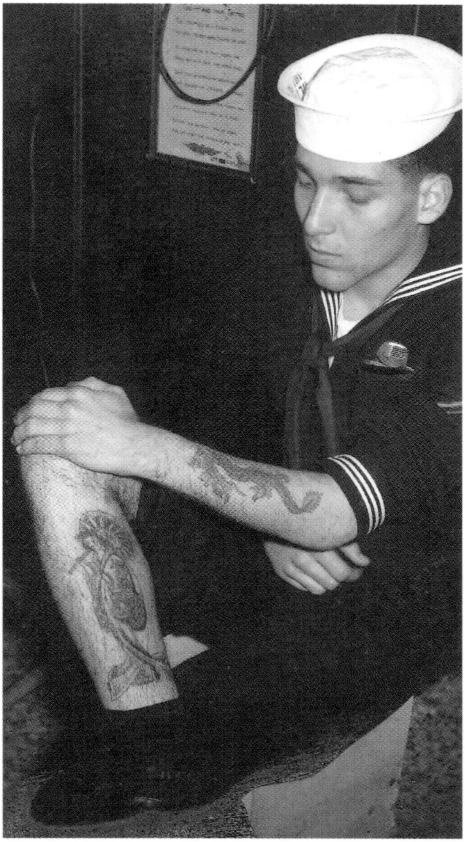

que la Deuxième guerre mondiale n'éclate, il pousse la porte de la seule boutique de tatouage de ce côté de la planète et en ressort avec la main tatouée, œuvre du Professeur Watts. Il y retourne pour se faire tatouer l'avant-bras, tout en observant méticuleusement les instruments utilisés. Jimmy s'affranchit alors des aspects techniques du métier, élabore une machine à partir d'une sonnette de porte et ouvre son échoppe. À l'âge de seize ans, il est trop jeune pour s'engager dans la Marine et combattre aux côtés des Anglais. Mais pas pour les tatouer ! Dès qu'un navire de guerre se pointe au port, il descend sur le quai pour jeter des cailloux sur le pont. Les projectiles sont enveloppés de "flyers" avec un itinéraire détaillé pour se rendre à la boutique. À son premier navire de guerre, il empoche l'équivalent de 150 euros, et décide de ne plus jamais réparer de chaussures. Quand un navire était à quai, Mr Adams, débordé, n'effectuait que les contours sur ses clients, et son fils se chargeait des ombres et des couleurs.

Pendant et juste après la guerre, Jimmy manque de motifs de tatouage, si bien qu'il consent des remises aux marins qui veulent bien lui laisser copier leurs tatouages. De retour chez lui, il les reproduit, pour rapidement se trouver à la tête d'une belle collection de designs de "Pinky Yun" de Hong Kong ou de "Sailor Jerry" de Hawaï, les plus demandés parmi les marins.

Si les marins ne viennent pas au tatoueur, c'est lui qui vient à eux... en camionnette à la sortie des bases.

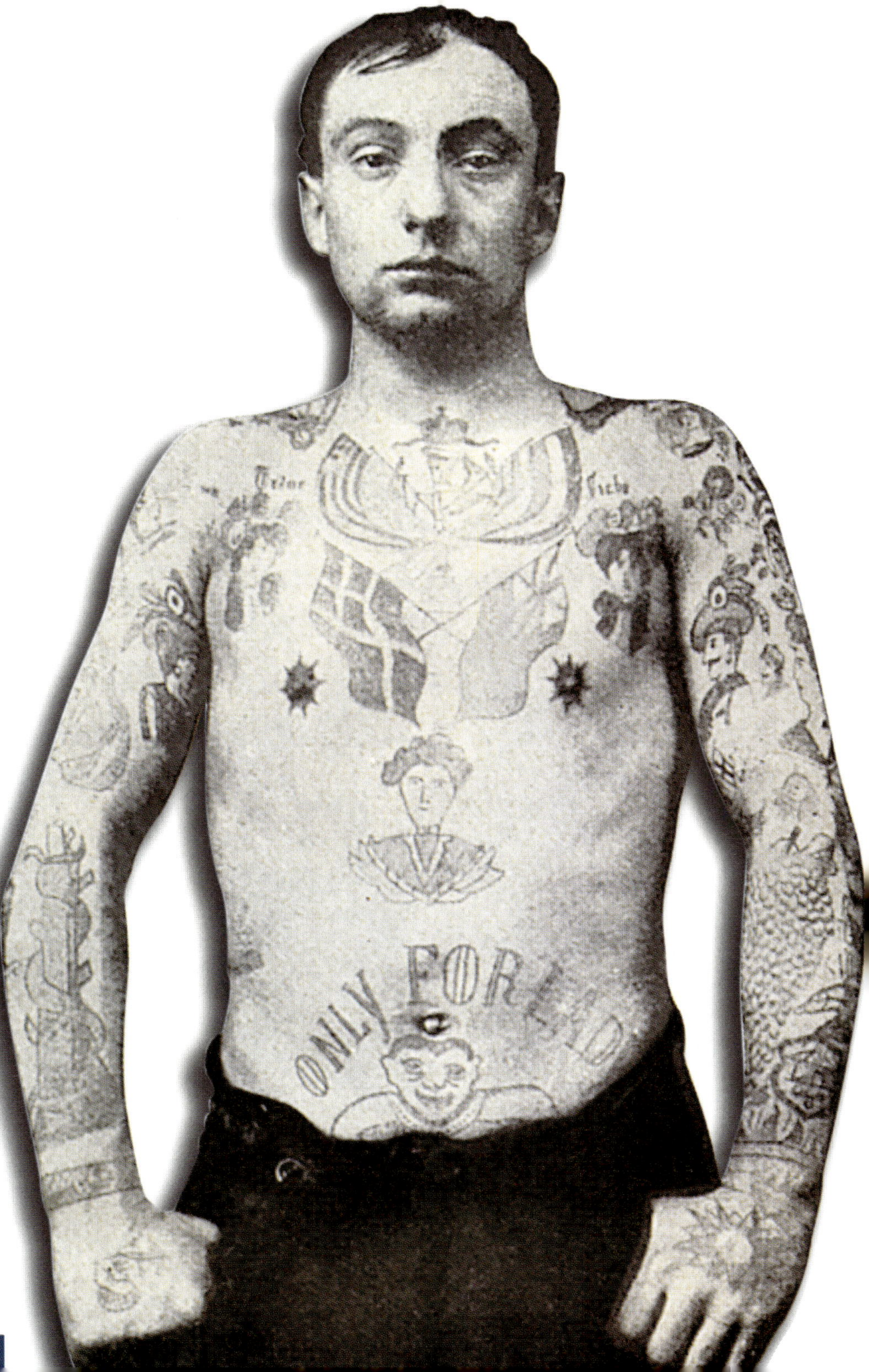
ONLY FOR

Europe

De l'Angleterre à l'Allemagne, le phénomène se propage sur le Vieux Continent

C'est dans le studio de " l'Empereur " Hori Chyo que se confirme, à la fin de 1888, la vocation de tatoueur de George Burchett, un jeune marin anglais engagé dans la Royale : en lui tatouant un petit lézard vert sur l'avant bras, le maître lui inocule définitivement le virus de l'encrage. Dans l'équipage du Saint-Vincent, où il est embarqué, officie un tatoueur, Able Weatherby, un marin à la réputation déjà bien ancrée qui accepte de lui transmettre son art. Tatouage après tatouage, l'ancien conseille et dirige le jeune dans son difficile apprentissage. Un jour que le navire relâche à La Valetta (Malte), Weatherby offre à George un nécessaire à tatouer professionnel, aiguilles et encres, que le jeune homme enferme précieusement dans une petite boite en bois. Elle le suivra partout dans son tour du monde. Pour assouvir sa passion, le jeune marin n'hésite pas, après sa visite à Chyo, à déserter lors d'une escale à Jaffa, en Palestine. Il prend la route de Jérusalem, décidé à se lancer dans l'aventure. À cette époque la Terre Sainte est, en effet, un des hauts lieus du tatouage, grâce aux pèlerins venus de tous les horizons. Malgré l'affluence de clientèle, Burchett se heurte à la féroce concurrence locale. Le tatoueur lâche ses aiguilles, s'embarque sur un navire marchand et revient sur le sol anglais qu'en 1896. Il se lance dans la cordonnerie, son premier métier et pique, dans l'arrière boutique, le cuir de clients occasionnels. Sa réputation se répand comme une traînée d'encre. Encouragé, il ouvre peu après son premier studio au 438 Mile End Road, un quar-

Après une période d'apprentissage dans la Royale, Burchett se lance dans l'encrage professionnel en 1898, à Londres.

Le 72 Waterloo Road, de l'anglais Burchett, point de passage obligé des marins en mal d'encrage...

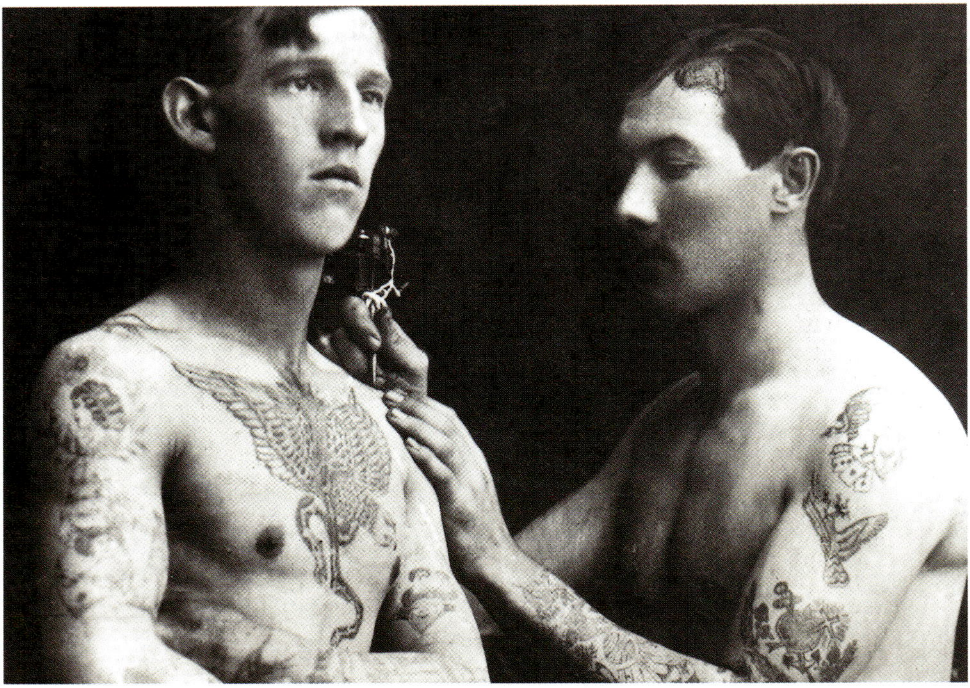

Avec quatre tatoueurs professionnels en activité vers 1900, Londres fut sans contexte la capitale de l'encrage européen.

tier chaud de Londres. L'adresse est bonne : marins en partance, dockers du Regent's canal, Antillais du West India Docks ou Chinois du Limehouse affluent dans sa boutique.

Burchett n'est pas le premier tatoueur à s'installer à la capitale. Le pionnier s'appelle David W. Purdy, qui ouvre à Holloway, au nord de la capitale en 1879. Il est, sans doute, le premier tatoueur professionnel en Europe. Deux autres piqueurs, Tom Riley et Sutherland Mac Donald suivent son exemple, en 1890. Le premier s'installe d'abord sur les docks de Liverpool, puis déménage à Glasgow et enfin à Londres. Sutherland, un ancien sergent major de l'armée anglaise a choisi Aldershot, à 45 kms au Nord de Southampton, avant de rallier la capitale. (Un certain Alfred South aurait également piqué en Angleterre au début du siècle.) En 1900, le propre frère de George Burchett, Charles ouvre un studio 259 Grats Inn à Londres.

En 1904, Burchett déménage son studio au 98 Waterloo Road, dans le West End londonnien. L'avenir, en effet, n'est pas dans les quartiers mal famés. Depuis plusieurs années déjà, les deux plus célèbres tatoueurs d'Angleterre l'ont compris : après avoir débuté en piquant l'épiderme boucané des marins, Donald Sutherland et Tom Riley recrutent à présent leur clientèle dans la "hight society" londonienne. Et ils ne dédaignent pas, à l'occasion, piquer quelque royal épiderme. Depuis toujours, la tradition maritime anglaise pousse sur les océans la fine fleur de l'aristocratie. C'est elle qui va donner au tatouage ses lettres de noblesse… En 1910, un riche diamantaire de Johannesbourg, décoré de "la Cène" par Burchett, lui offre de venir piquer à domicile. Par ailleurs, Mr Clark, propriétaire d'une galerie d'attraction dans le centre de la capitale sud, africaine, et lui aussi ancien client, lui propose un partenariat dans son affaire… Avec sa femme Edith (une de ses meilleures clientes) et ses quatre fils, Burchett passe près de deux ans à Johannesbourg où il ouvre un studio Risnick Street. Il rejoint sa patrie juste avant le conflit de 1914, et se retrouve à Waterloo Road. Au numéro 72, cette fois. C'est à cette célèbre adresse qu'il va encrer des générations entières d'anglais : militaires, marins, femmes, rois ou phénomènes de foires passeront sous ses aiguilles expertes. Une œuvre qui lui fera obtenir le titre envié de "Roi des tatoueurs". Après un dernier déménagement au 125 Waterloo Road, dans le studio de son fils Leslie, il meurt en 1953, à près de 81 ans. (Trois des fils de Burchett ont embrassé la profession : Leslie, George, qui possède également son studio. Ernie, lui, est mort pendant les bombardements de Londres en 1940)

Au début du XXe siècle, le tatouage a depuis longtemps opéré sa métamorphose. En 1891, le tatoueur américain Samuel O'Reilly a révolutionné la pratique en inventant la première machine à tatouer électrique. Les tatoueurs anglais n'ont pas été longs à lâcher les aiguilles pour les nouvelles machines et accessoirement,

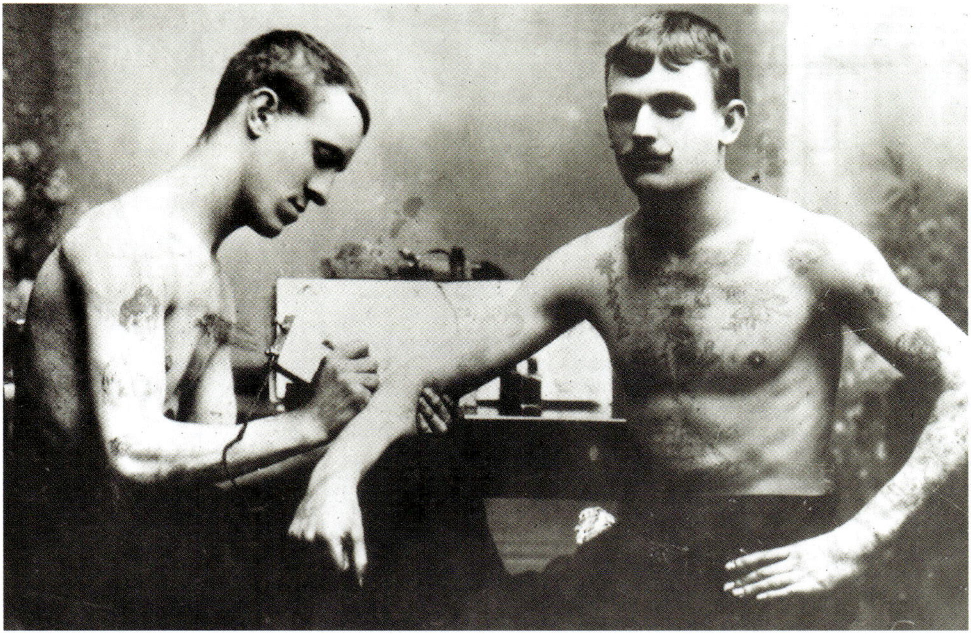

Les artistes londoniens se convertiront vite à la machine d'O'Reilly et déposeront plusieurs brevets pour la perfectionner.

Parallèlement aux marins, principaux clients des studios, les aristocrates anglais se jetèrent sans retenue dans l'encrage en souvenir de leur passage dans la Royale.

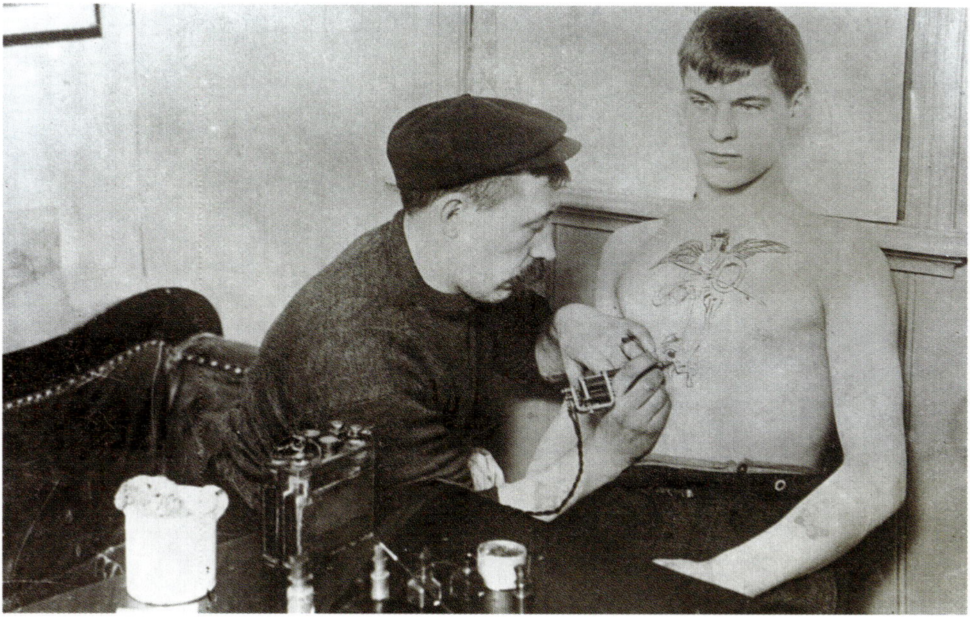

Après avoir été l'apanage des endroits mal famés, le tatouage se déplace dans les beaux quartiers de Londres.

s'essaient à la perfectionner. Tour à tour, Riley, Sutherland puis Burchett déposent des brevets. Tom Riley a été un des premiers tatoueurs anglais à profiter de l'engouement des sang-bleu pour le tatouage. Durant sa carrière il a le privilège d'orner les peaux de plusieurs têtes couronnées.

Dans les années 1890-1900, pour redorer, s'il en est besoin, son blason, il dévoile, dans la presse à sensation, le gotha des aristocrates tatoués : de la cour de Russie à celle de Suède en passant celle d'Allemagne, la plupart des noms jeunes princes et ducs y sont inscrits. Et s'ils continuent parfois à quitter leurs trônes pour prendre le chemin des studios, pour beaucoup la première expérience date du temps de leur service dans la marine. S'ils s'étaient soumis à cette pratique, expliquent-ils, “c'était pour montrer aux équipages qu'ils étaient des marins comme les autres.” C'est le cas d'Édouard VII, qui avant d'être souverain d'Angleterre a servi dans la Royale. Sa première expérience en ce domaine date d'une escale à Jérusalem en 1862 alors qu'il est encore Prince de Galles. Il n'a pu ensuite s'arracher à cette passion…

C'est sur l'épiderme de ce royal client que Sutherland Mac Donald a plus tard gravé une ancre marine. En souvenir de ses voyages. Considéré comme le meilleur artiste au monde, Sutherland se spécialise, dans les premières années de 1900, dans la reproduction de tableaux de maîtres, de portraits et des devises armoriées sur la peau d'une clientèle de riches américains et de princes. À l'époque, il officie dans un élégant studio de Jeremy Street, dans le quartier Saint-James à Londres.

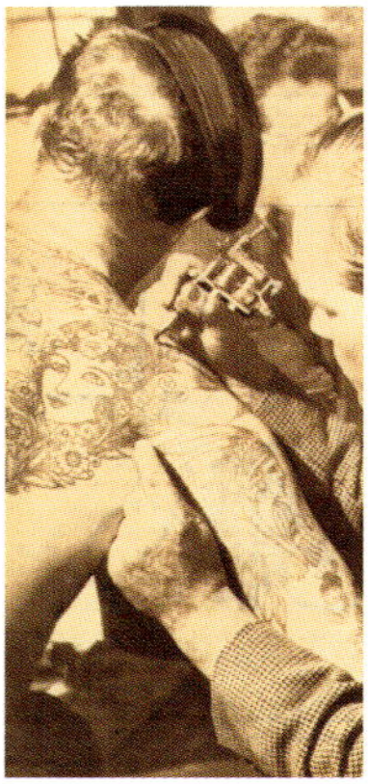

Si par snobisme, certains souverains n'hésitent pas à faire le voyage jusqu'en Angleterre, les marins se contentent des artistes du cru. À Copenhague, le quartier des matafs s'appelle Nyhavn, contraction danoise de New Haven. Entre les bars et les filles, les boutiques de tatouage sont ouvertes de dix heures à deux heures du matin. La plus ancienne, une des premières au monde, ouverte vers 1880, est tenue par Tush Arne. Dans les années 40, Jack, dit le Marin, s'installe non loin du port, dans une cave aménagée sous le Café Texas. Il quitte le pays en 1947, pour l'Angleterre. C'est Ole Hansen qui prend sa suite, sous l'enseigne Tattoo Ole. Particulièrement compétent lorsqu'il est ivre, il meurt les aiguilles à la main, en 1988.

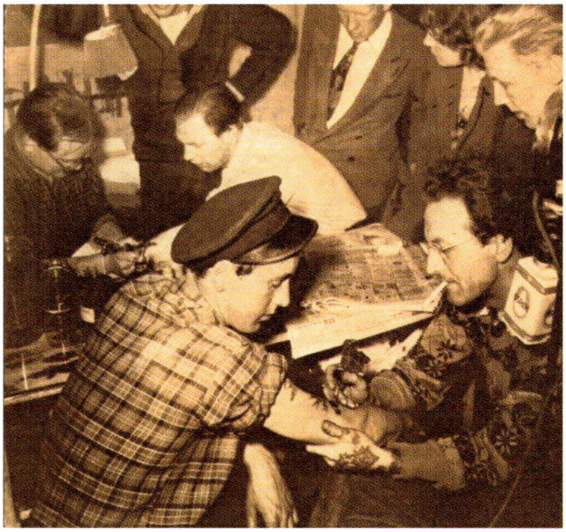

La Hollande possède également son artiste en sous sol : dans le port d'Amsterdam, Tattoo Peter, de son vrai nom Peter de Haan, a amé-

Tattoo Jack, une des bonnes adresses de Nyhavn, le quartier chaud de Copenhague. Après avoir piqué plusieurs années, Jack "le marin" cède la place à Ole Hansen et part pour l'Angleterre.

nagé sa boutique, comme de nombreux commerces, en contrebas de la rue. En 1961, il met momentanément la clef sous la porte et part, en compagnie du tatoueur français Bruno, sillonner les ports de la Mer du Nord avec son

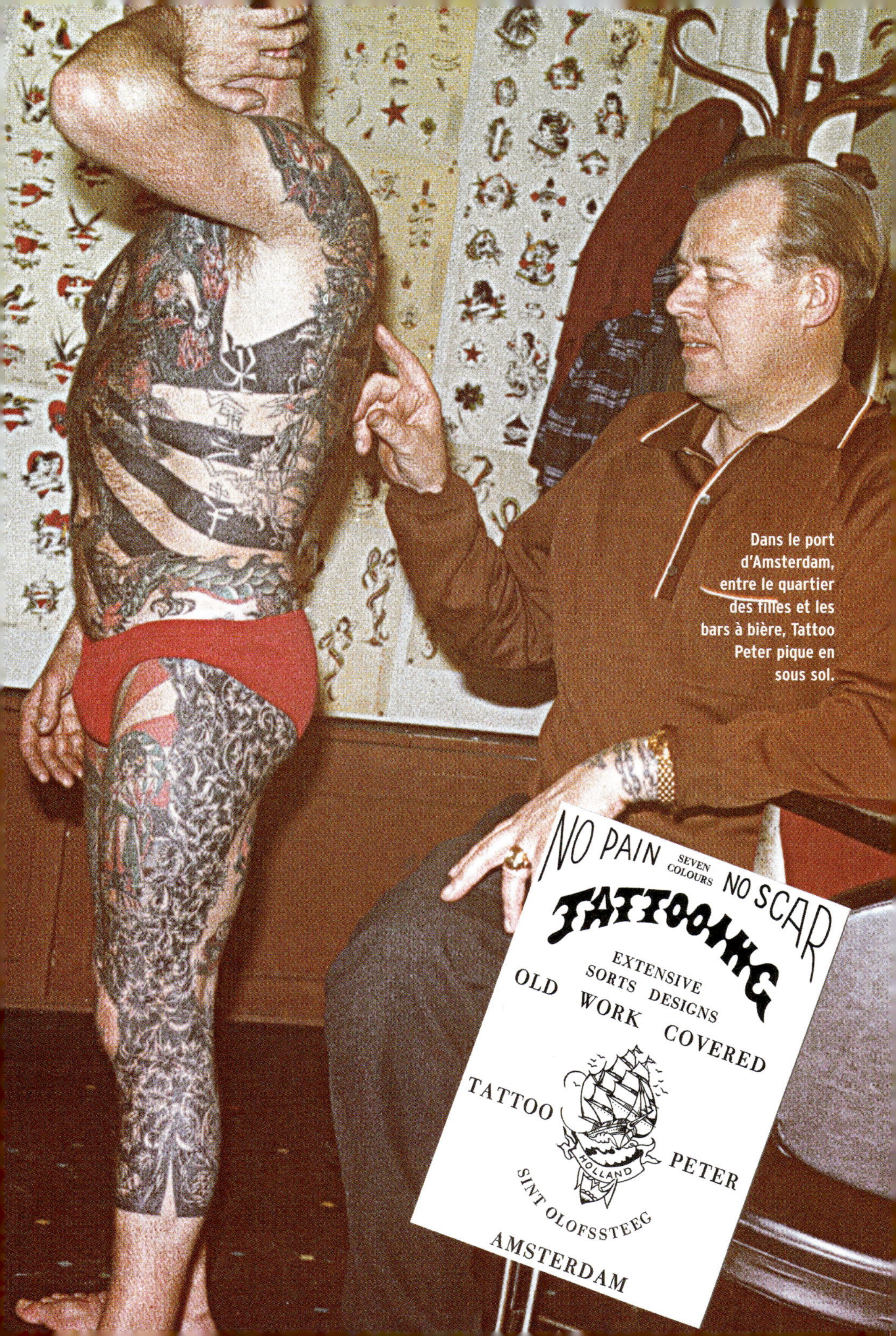

Dans le port d'Amsterdam, entre le quartier des filles et les bars à bière, Tattoo Peter pique en sous sol.

C'est lorsqu'il est ivre que Tattoo Ole pique, paraît-il, ses plus belles œuvres.

En 1947, Tattoo Ole, reprit la clientèle de Jack en s'installant sous le Café Texas. Il y reste jusqu'à sa mort en 1988.

camion aménagé. Le duo bifurque ensuite sur les camps américains, canadiens et anglais dont l'Allemagne est encore couverte. Ils n'ont malheureusement pas d'autorisation… Traqués par la polizei, Peter rejoint ses pénates tandis que Bruno part tenter sa chance vers le Havre. Mais la ville du tatouage est sans conteste Rotterdam où officie Albert Cornelissen, un ancien marin né en 1913 qui s'installe en 1953, à l'âge de 40 ans (un certain Herman de Boer travaille également dans le quartier du

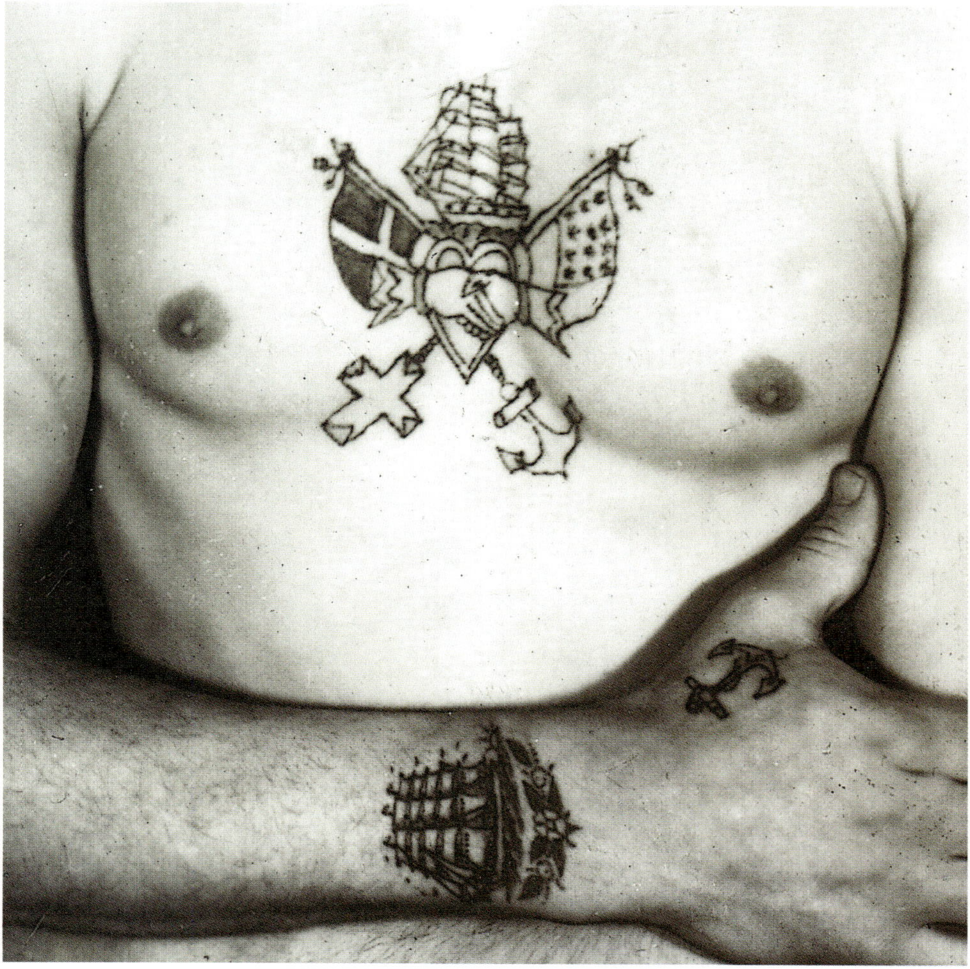

Ancres, voiliers, cœurs et drapeaux, motifs incontournables de l'imaginaire mataf.

port de Rotterdam). Les Pays-Bas possèdent, par ailleurs, une tradition de l'encrage chez les mariniers qui tout au long de leur vie se tatouent de motifs divers, parfois abondamment juxtaposés. Les premiers signes apparaissent dès la petite enfance : ils constituent une sorte de carte d'identité indélébile, qui permet l'identification en cas de noyade. En Italie, on se tatoue un peu moins, car les hommes bleus sont considérés comme de mauvais soldats alors qu'auparavant le tatouage était considéré comme une preuve de courage et de virilité et adopté en 1848-1850 par les soldats les plus vaillants de l'armée piémontaise. Matelots russes, espagnols et portugais apprécient également peu la chose. Les rares emblèmes relevés sont des ex-voto, des crucifix ou des madones.

En Allemagne, l'avènement du tatouage provoqua un raz de marée d'encrage : à Hambourg, en 1914, on comptait pas moins de 7 studios en activité. Le plus célèbre étant sans doute celui de Christian Warlich (à droite).

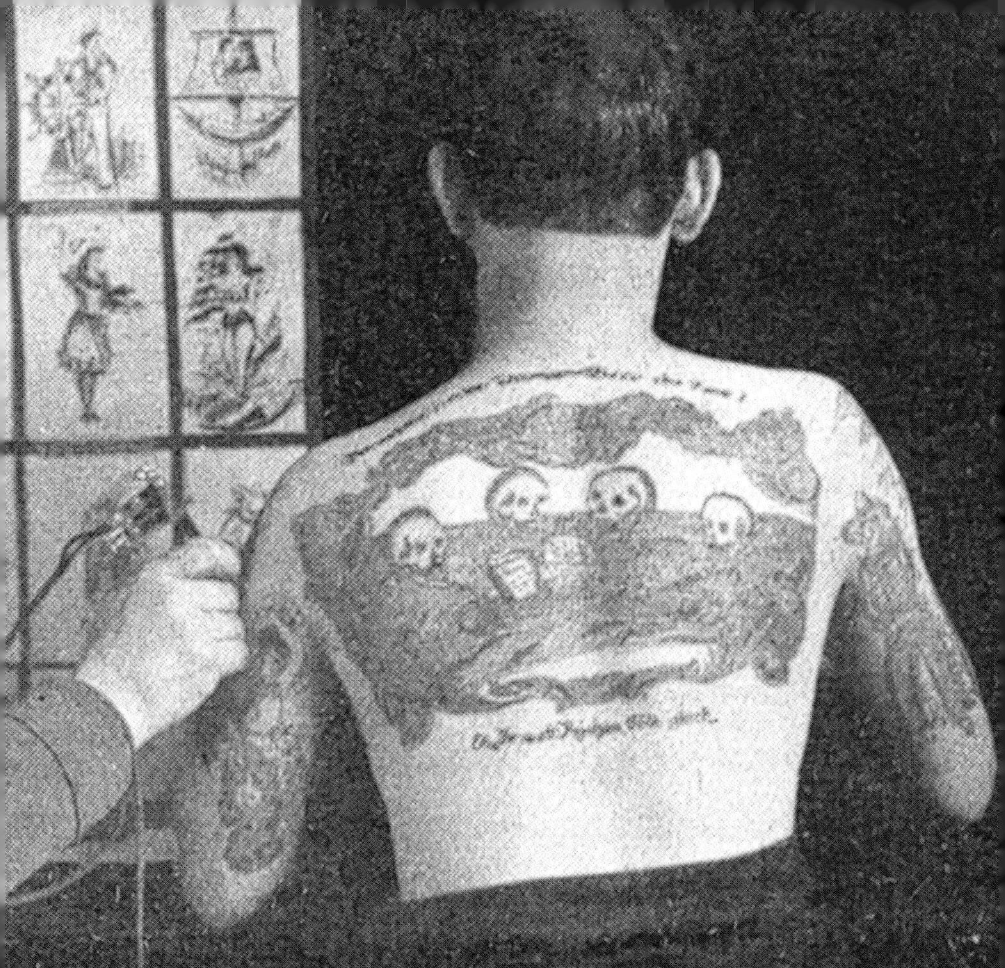

Fels=
zum Meer.
1918.

La majorité des studios de tatouage sont concentrés dans les ports de Brème, Kiel et Hambourg.

À la fin du XIXe siècle le tatouage s'est répandu à travers l'Allemagne comme un raz de marée : un phénomène, qui touche aussi bien la classe ouvrière que les marins, et que certains qualifient de "rage du tatouage". Conséquence : à l'aube de la guerre de 1914, des dizaines de boutiques de tatoueurs ont fleurit aussi bien dans les villes portuaires qu'à l'intérieur des terres. Sans parler des itinérants qui sillonnent le pays de studios en studios. Rien que dans les villes portuaires d'Hambourg et d'Altona, toutes proches, on compte pas moins de 6 à 7 professionnels qui suffisent à peine à contenter la clientèle, composée principalement de dockers et de marins : il n'est pas rare de voir s'allonger devant les boutiques les files d'attente de plusieurs personnes qui stationnent parfois toute la nuit avant de toucher au but… C'est dans le quartier de marins Sankt Pauli d'Hambourg, que sont concentrées la plupart des enseignes de tatoueurs. Karl Rodemich, qui mourra en 1919, est sans doute l'un des plus anciens : il s'établit dans la Friedrichstrasse à partir de 1905, et encre jusqu'en 1908, après avoir exercé le métier de peintre sur porcelaine. De fait, les artistes de cette époque ont souvent abandonné leur première profession pour celle des aiguilles : Franz A. Stegmann (né en 1869), surnommé "Franz de Mexico" a été décorateur de boîte de cigare avant de devenir tatoueur. Il finira ensuite comme joueur d'harmonica…

Martin Ahlers, né à Brème vers 1890, vient de Kiel lorsqu'il ouvre sa boutique à Altona. Quelques années plus tôt il a fait son apprentissage avec le célèbre Finker, qui possède un studio quelques rues plus loin. Conséquence de la concurrence ? Ahlers ne reste pas : en 1919 ou 20, il part à Berlin travailler auprès d'un certain "Tigerharry", surnommé ainsi à cause d'un tigre qu'il porte tatoué sur le front. Mais la crise que connaît le métier à partir des années 1930, décourage tout à fait Ahlers qui repart à Kiel reprendre son ancien métier de graveur. Entretemps le tatoueur s'est découvert un don pour l'astrologie et donne à l'occasion des consultations de voyance…

À l'instar des États-Unis, l'encrage est en effet resté un art forain. Longtemps lié au monde du cirque et des spectacles ambulants, le monde du tatouage reste marqué par ses anciennes amours. En Allemagne plus

Pour leurs motifs, les tatoueurs allemands s'inspirent d'une très ancienne tradition maritime.

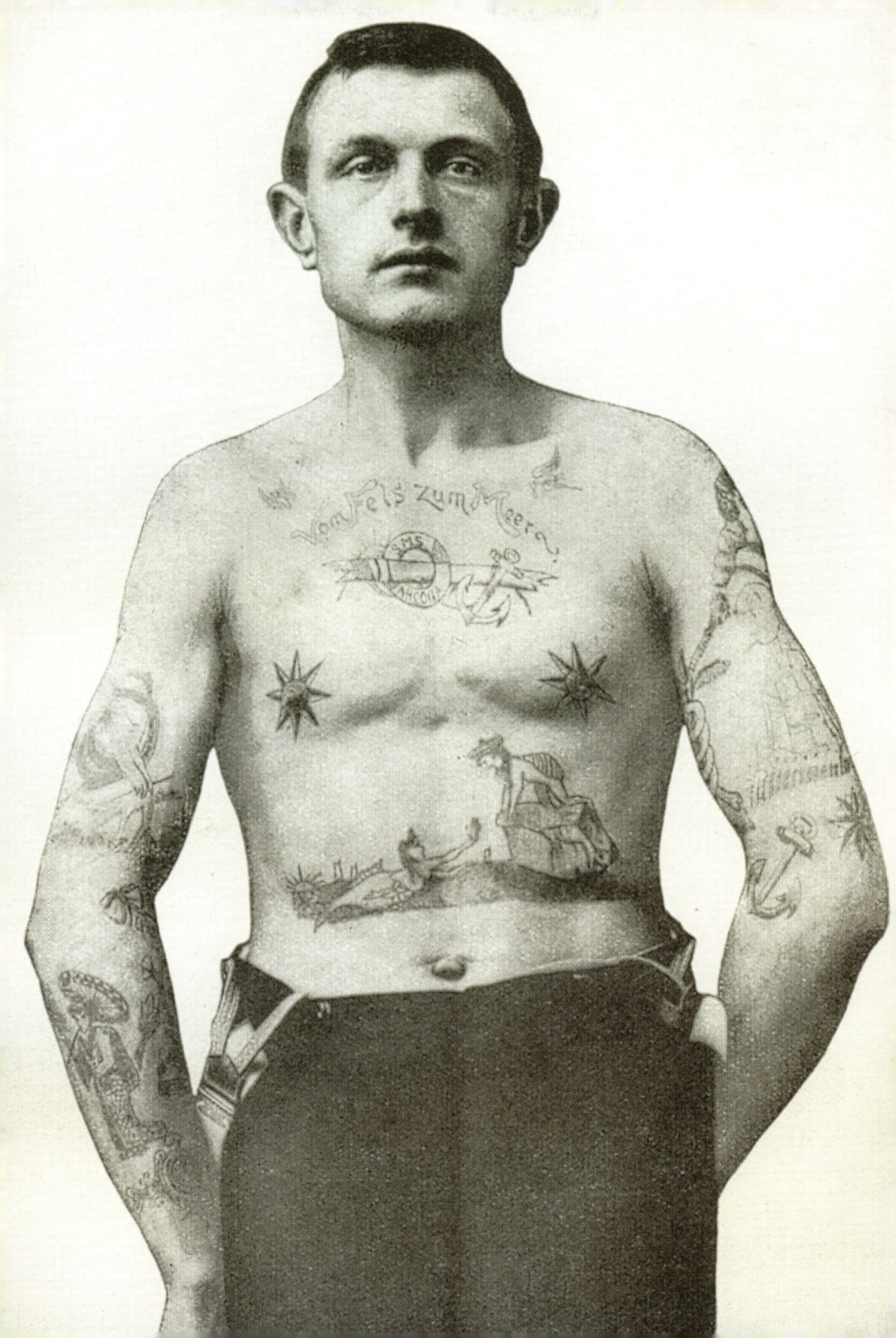
Vom Fels zum Meere

À chaque débarquement, des files d'attente de plusieurs clients se forment devant les devantures des différents studios

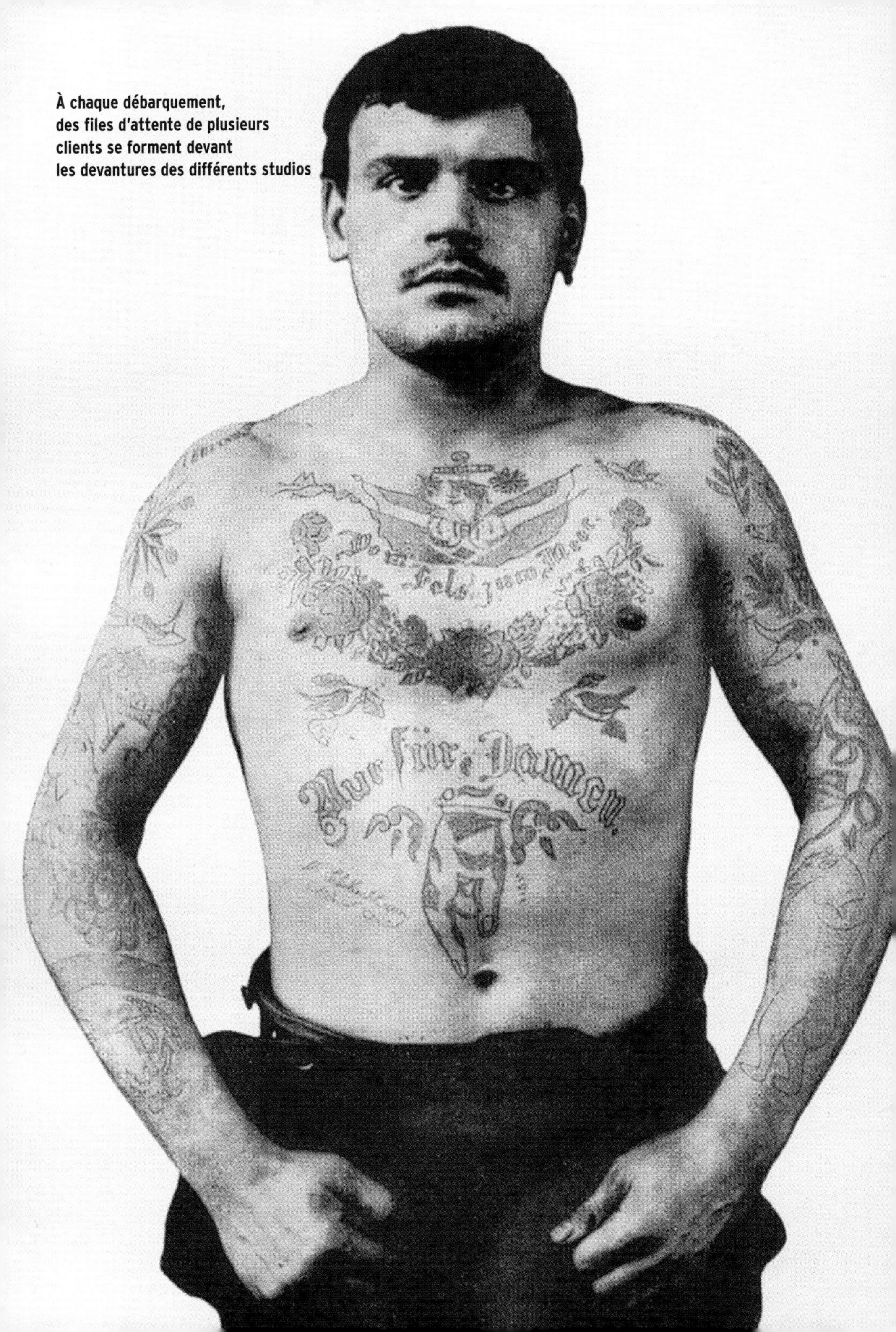

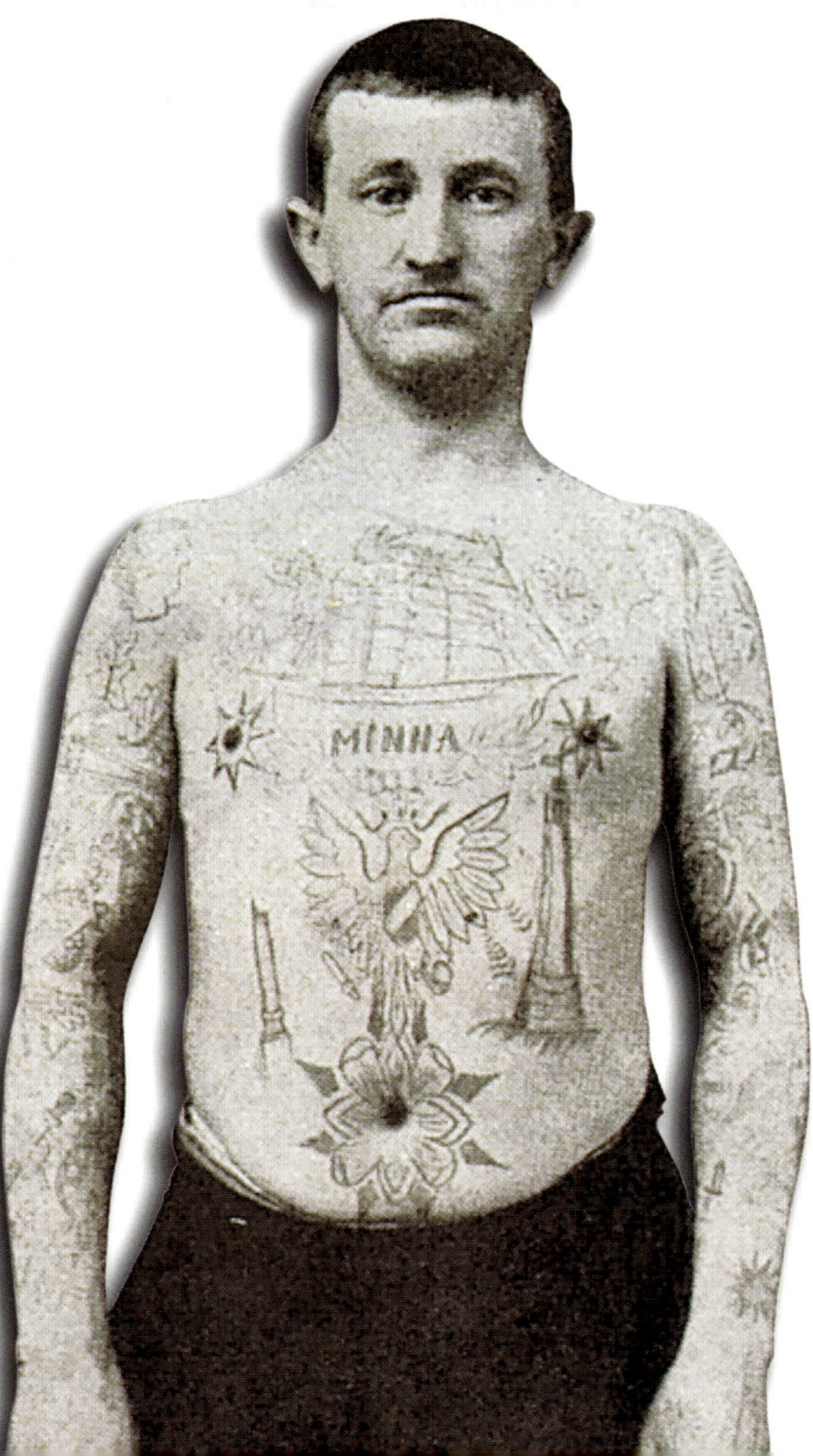
MINNA

Les tatoués qui s'exhibent dans les cirques itinérants sont souvent d'anciens marins ou dockers piqués par un des artistes du lieu.

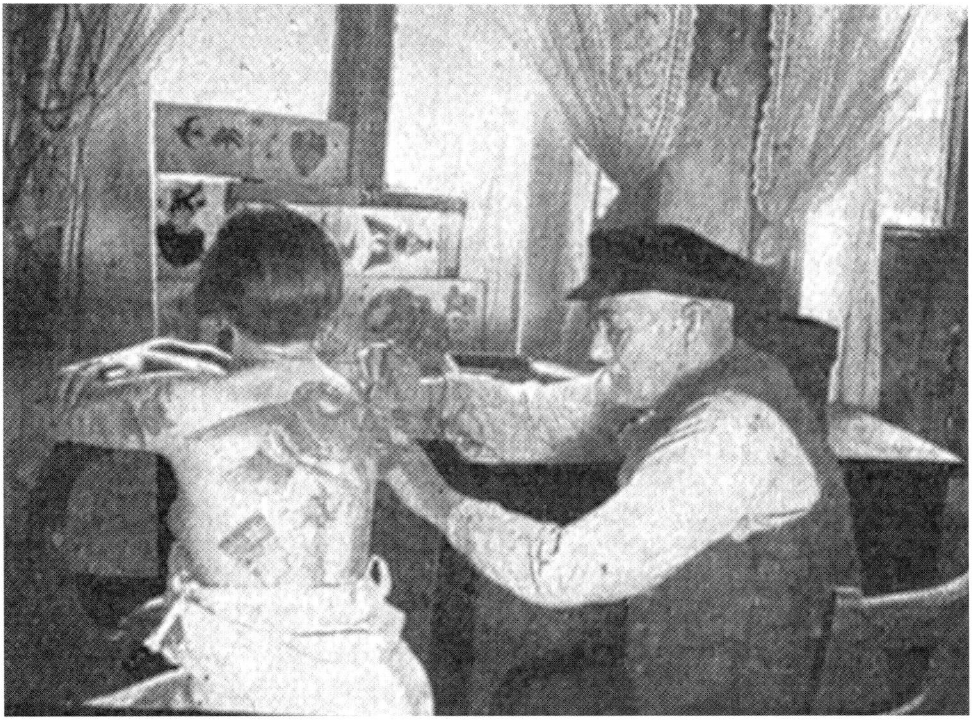

Carl Finke de Hambourg, en train de tatouer sa seconde femme. La première s'exhibait comme femme phénomène.

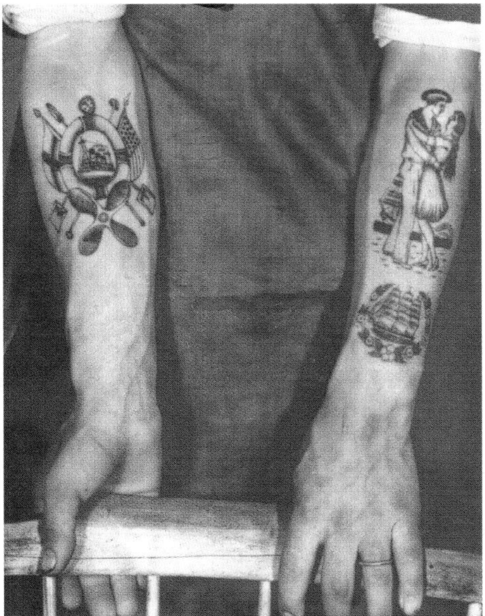

qu'ailleurs… Avant de poser leur boîte à tatouer, nombreux sont ceux qui, au rythme des roulottes, ont parcouru le pays en tout sens. Ils ont eu pour compagnons les femmes à barbes, homme fil de fer, frères siamois et autres "freaks" chers à l'américain Barnum. Les phénomènes tatoués, hommes et femmes, faisaient, bien entendu, partie du spectacle et c'est souvent parmi ces dernières que les futurs tatoueurs ont trouvé l'âme sœur. Certains d'entre eux sont même montés sur scène, comme Fritz Gutemberg, ancien docker à Sankt Pauli ayant ensuite exercé ses talents de fakir dans un cirque itinérant. C'est Rodemich qui le pousse à s'engager dans la voie de l'encrage… Mais, on ne sait pour quelle raison, son intrusion ne plaît pas à ses autres concurrents qui discréditent son travail et le pousse à l'abandon. Gutemberg mourra en 1929…

La boutique, ou plutôt "l'institut de tatouage", de Finke à Altona. Malgré ses prix élevés, il est toujours bondé.

Beaucoup viennent à la profession après avoir exercé un tas de petits boulots, vendeur de cartes postales, colporteur, coursier… Le tatouage n'est rien de plus pour eux qu'une débrouille de plus dans leur vie d'errance. Il attire parce qu'il rapporte beaucoup en rapport du peu d'effort qu'il nécessite. Ces piqueurs itinérants suivent les cirques dans leurs tournées et se posent le temps d'une saison de représentations non loin des chapiteaux. Otto Brown avait piqué dans un de ces quartiers de spectacle ambulant avant de mourir en 1905. Mais rien n'est plus incertain que le métier de tatoueur : Johann Otto Kuchenmüller (né en 1871) qui se fait appeler plus simplement "Hans" devient colporteur vers les années 1930 après avoir travaillé à Sankt Pauli plusieurs années.

À Hambourg, les équipages en bordée des cargos et des paquebots qui arpentent le quartier Sankt Pauli ont le choix : partager, dans les bras d'une des prostituées de la Reperbahn ou de Lohe Strasse, quelques minutes d'amour tarifé ou se faire encrer dans un des nombreux studios du quartier. L'un n'empêchant pas l'autre… Mais certains loups de mer poussent, à deux pas de là, jusqu'au numéro 8 de la Marienstrasse : ce sont les inconditionnels de Karl Finke…

Ancien boxeur, né en 1865 à Ascherleben, Finke a eu la vocation tardive : ce n'est qu'en 1914, à l'âge de 49 ans, qu'il s'établit comme "artiste tatoueur"… Avant de se sédentariser, l'homme a longtemps parcouru les routes en compagnie de ses amis forains, athlètes, montreurs d'ours et autres phénomènes tatoués. Lui-même, d'ailleurs, se marie avec une des vedettes du spectacle qui exhibe ses tatouages à travers l'Allemagne (sa deuxième femme, qu'il

BREMEN

épouse en 1929, sera elle-même couverte de tatouages, en grande partie œuvres de son mari). Son studio de la Marienstrasse est une petite maison basse toute en longueur dont les quatre fenêtres, sur rue, sont couvertes de flashs, prêts à être encrés par le maître des lieux. Sur la façade, Finke a inscrit, sans complexe, "Zur Tatowier Anstalt" qu'on peut traduire par : "Ici, institut de tatouage". En fait, la qualité des tatouages de l'ancien boxeur laisse à désirer… Elle n'explique en tout cas pas leurs prix élevés par rapport aux tarifs habituellement pratiqués. Finke annonce la couleur à l'entrée par une pancarte épinglée au mur : "Institut de tatouage de l'artiste Carl Finke. Tatouages à partir de 1 mark.". Une somme relativement élevée pour l'époque.

Malgré cela, son studio est toujours bondé et souvent une douzaine de clients attendent leur tour au dehors. Ses dessins, faits à main levée, puis encrés à la machine électrique, sont assez maladroits mais restent populaires parmi les marins. Pour draguer un peu plus de clientèle, Karl envoie des rabatteurs sur le port à chaque bateau qui s'annonce. Du coup il est obligé d'embaucher des piqueurs itinérants lorsque la clientèle dépasse ses possibilités. L'argent rentre à flots au 8 de la Marienstrasse… Malin, Finke s'est aperçu que ses flashs attiraient les convoitises des collectionneurs : du coup il propose à la vente des recueils de ses œuvres au prix prohibitif de 20 deutchmarks pièce (une fortune).

Quelques années après le conflit de 1914-18, la fièvre du tatouage repart de plus belle. Sankt Pauli s'enrichit de nouvelles enseignes… parfois éphémères : en 1921, Willy Besser, 40 ans, auparavant graveur, réparateur d'horloges et tatoueur occasionnel dans le centre de la vieille ville, ouvre un studio en face de Finke. Il meurt peu après l'inauguration. Trois ans plus tard, c'est au tour d'un certain Mops de lâcher définitivement les aiguilles. Cet ancien marin de 50 ans avait commencé à piquer sur les bateaux. Malgré cette hécatombe, les marins en bordée ont encore le choix : ils peuvent échouer chez Karl Riedel, dit "Ferry" qui piquait déjà avant et pendant la guerre, aux enseignes de "Rote Elefant" (éléphant rouge), "Kleine Blümchen" (petite fleur) qui partira ensuite à New York, "Schwendenkarl" ou "Frikadellenpaul".

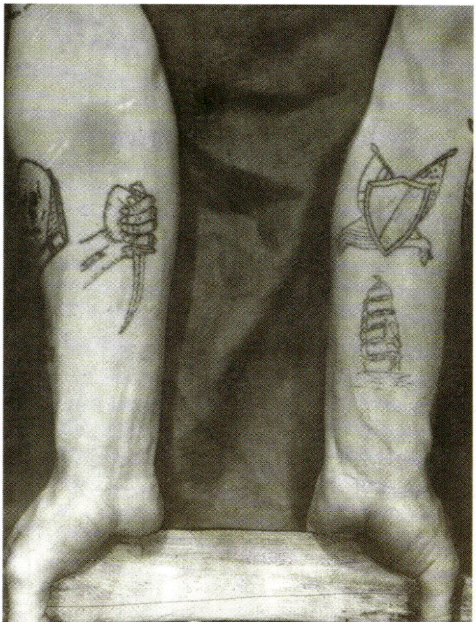

Mais l'adresse de loin la plus cotée de Hambourg reste le 44 rue Kieler. Le maître des lieux, Christian Warlich, est né à Hanovre en 1891 et a tout d'abord exercé la profession de chaudronnier puis de marin avant de se lancer dans l'encrage. Quand il ouvre son "Atelier moderne de Tatouage", en 1919, il a seulement 28 ans mais compense cette relative jeunesse par un don certain pour le dessin artistique. Il est adroit, minutieux et surtout pratique des prix plus abordables que son concurrent direct Carl Finke : les petites pièces démarrent à 50 pfennigs et un motif de poitrine ne coûte pas plus de 3 ou 4 marks et son désintérêt va jusqu'à piquer gratuitement les chômeurs qui bavent devant sa vitrine... Entre les deux tatoueurs, la concurrence est rude... En 1927, Warlich a l'idée de faire imprimer des tracts publicitaires, illustrés de photos d'hommes et de femmes tatoués par ses soins : sur le port, les distributeurs se heurtent aux rabatteurs envoyés par Finke auprès des marins et des dockers. Mais cette rivalité ne parait pas préoccuper le tatoueur de St Pauli : dès que l'occasion lui est donnée, il ferme et parcourt le pays de studios en studios. Il en rapporte de nouveaux motifs, inspirés de gravures, de photos et même d'affiches de cinéma qui enrichissent son catalogue. Warlich est sans doute le premier à utiliser la calligraphie chinoise ou japonaise comme motif et se fait une spécialité des scènes de dressage, de ménagerie et de spectacle de cirque. Rapidement sa renommée déborde le quartier St Pauli pour faire le tour des ports du monde entier : le 44 rue Kieler de Christian Warlich se conjugue dans toutes les langues et tous les sabirs.

Mais à l'avènement du régime nazi, le temps se gâte pour la profession... Les adorateurs de la croix gammée considèrent le tatouage comme une marque évidente de dégénérescence en même temps que l'apanage de la classe ouvrière suspectée de bolchevisme. Excepté dans les principaux ports, où le tatouage est encore toléré comme une tradition de marine, les autorités de police allemande refusent d'enregistrer les tatoueurs sur les registres de commerce et traquent les clients potentiels. Les certificats de travail sont de toute façon refusés aux tatoueurs itinérants qui exercent leur travail de ville en ville. Ils sont désormais passibles de la prison ou sont obligés à quitter la région, lorsqu'ils sont interceptés par la police. Beaucoup préfèrent baisser le rideau : l'ancien marin Otto Lübbe, qui a travaillé en 1912 chez Warlich avant d'ouvrir un studio dans la Davidstrasse d'Altona, en 1929, reprend la mer un an plus tard. Ce qui le sauve peut-être... Pour ceux qui s'accrochent, les autorités vont bientôt employer des méthodes expéditives : en même temps que les juifs, les homosexuels, les communistes et autres "opposants", les tatoueurs sont très vite définis comme indésirables par le régime nazi, et à ce titre, arrêtés et envoyés en camps de concentration. En 1933, Albert Heinze, de Berlin, Willi Blumberg, de Kiel, et Hans Kuchenbäcker, de Hemden, font le voyage sans retour...

En 1927, Warlich, le premier, fait distribuer aux marins et aux dockers du port d'Hambourg des tracts publicitaires.

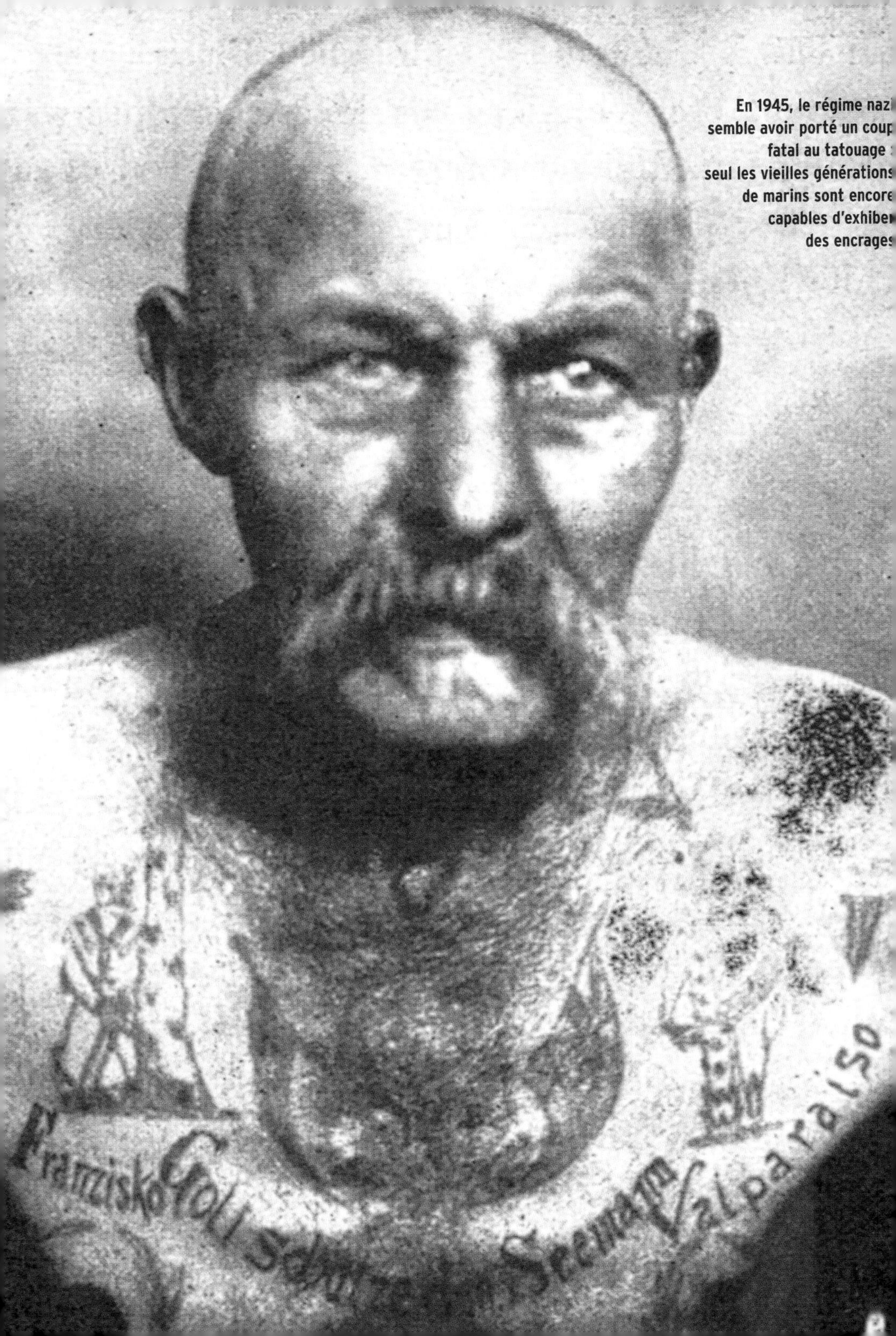

En 1945, le régime nazi semble avoir porté un coup fatal au tatouage : seul les vieilles générations de marins sont encore capables d'exhiber des encrages

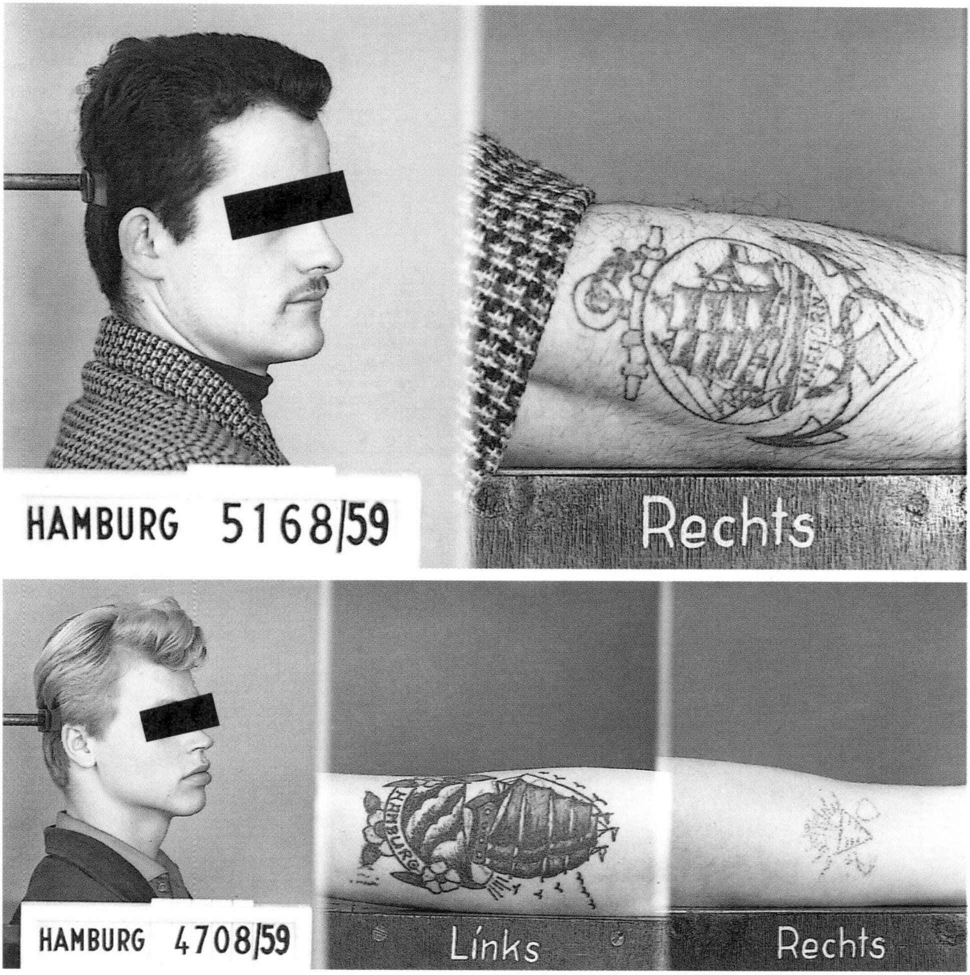

Photos de l'identité judiciaire allemande qui témoignent du renouveau des studios allemands d'après guerre.

Christian Warlich est le seul à ressortir indemne de l'épuration nazie. Son bar et son studio de tatouage sont connus de tous les marins étrangers qui se précipitent, dès que leur navire jette l'ancre. Sans doute est-ce cette notoriété qui sauve le tatoueur : la police lui permet de continuer son activité, le considérant comme une sorte de relique de la tradition maritime allemande. Les autorités ont de toute façon quelques raisons de se louer de l'attitude du tatoueur : s'il n'a pas abandonné tout à fait le piquage, Warlich se passionne depuis 1931 pour la mise au point d'une potion sensée redonner à la peau son aspect virginal. Et ça marche... Tout au moins sur les "tâches de vin" et autre imperfections de la peau qui disparaissent après trois applications seulement. Devant l'explosion des ventes de ce produit miracle, un laboratoire lui achète le brevet.

Après la guerre, le quartier résidentiel St Pauli de Hambourg redevient la pépinière de

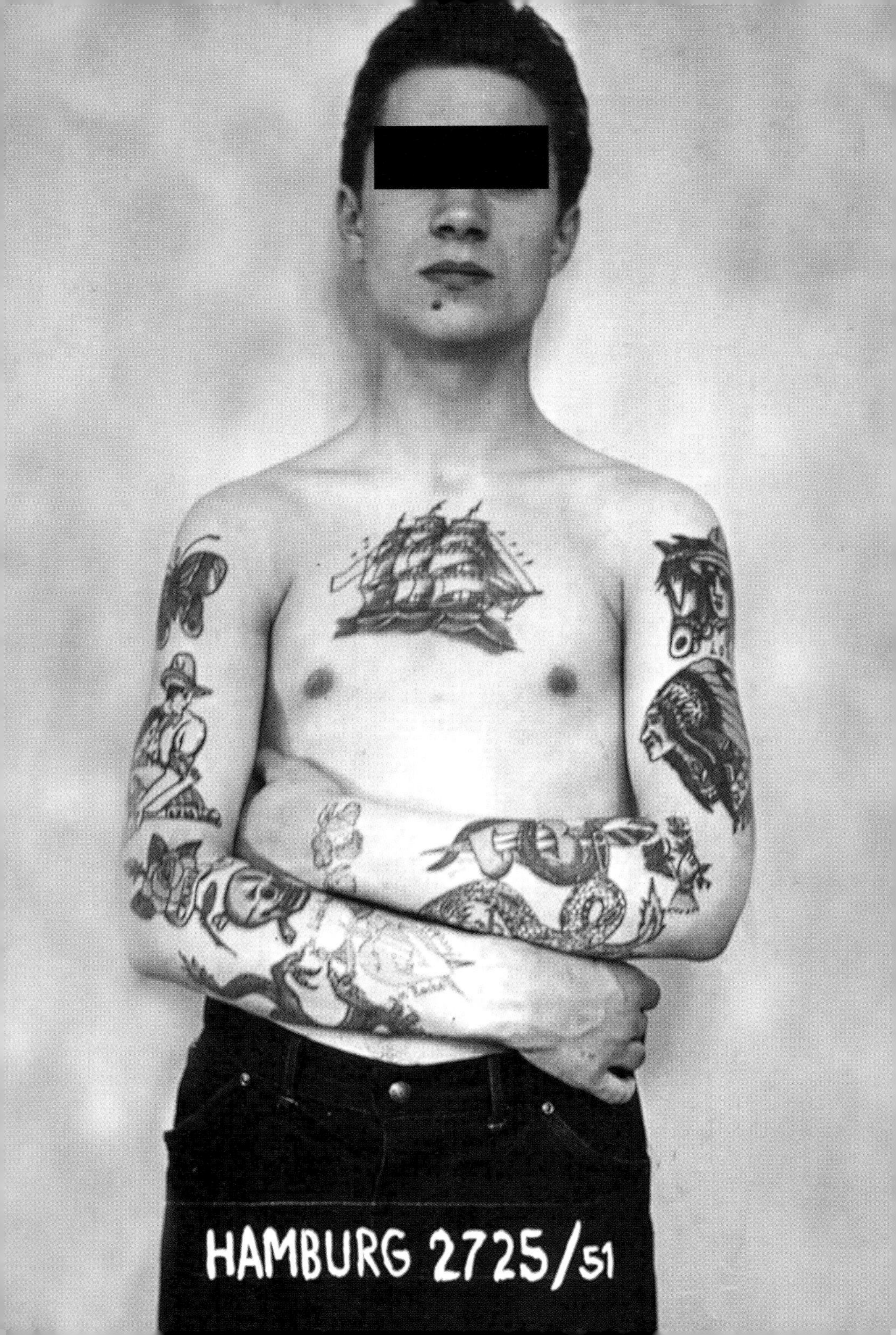
HAMBURG 2725/51

Digne héritier de Warlich, Herbert Hoffman, devient vite le spécialiste du motif traditionnel de marine dans son studio de la Reeperbahn à partir de 61.

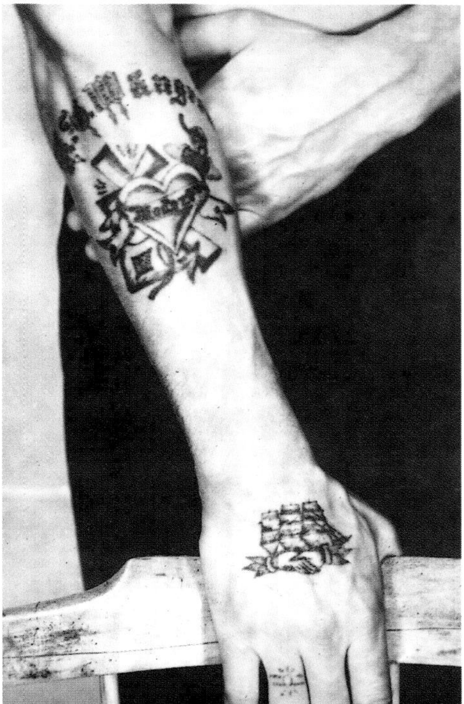

tatoueurs d'antan. Seules les enseignes ont changé : Willi Spiegel et Martin Ahlers partagent un salon dans le Reeperbahn en 1949, Stefan Albretch travaille 22 rue Schmuck depuis 1957 et Paul Holzhaus s'est établi au n° 8 de la rue Hamburger Berg, près de la

Reeperbahn. Christian Warlich, qu'on surnomme le "Roi des Tatoueurs", est toujours là mais pique de moins en moins depuis 1947. Mais la grande époque du tatouage allemand paraît définitivement révolue. L'éradication du tatouage, entreprise depuis les années 1930 a porté ses fruits. En Juillet 1949, Herbert Hoffman, artiste itinérant depuis de longues années, est libéré du camp de Riga où il est prisonnier depuis 4 ans. Il a pu constater l'ampleur du désastre : parmi les 12 000 prisonniers, en majorité assez jeunes, il n'a décelé que deux Allemands tatoués... Il a sympathisé avec un autre porteur de tatouages mais, ironie de l'Histoire, cet homme était un ancien militaire russe : en 1904, alors qu'il était marin sur le cuirassé *Potemkine*, il s'était fait tatouer un navire entier sur la poitrine, en plus de ses nombreux autres tatouages de marins.

En 1961, Hoffman se lance dans l'encrage professionnel en reprenant la suite d'Holzhaus. Il devient rapidement le spécialiste des motifs traditionnels de marine dans lesquels il excelle. Et c'est lui, quelques années plus tard, qui est désigné comme "Prince Couronné" par Warlich, devenant, en quelque sorte, son héritier spirituel. En 1964, après la mort de ce précurseur, le "Prince" peut se vanter de posséder "le plus vieux salon de tatouage" d'Allemagne, ce qui est effectivement vrai.

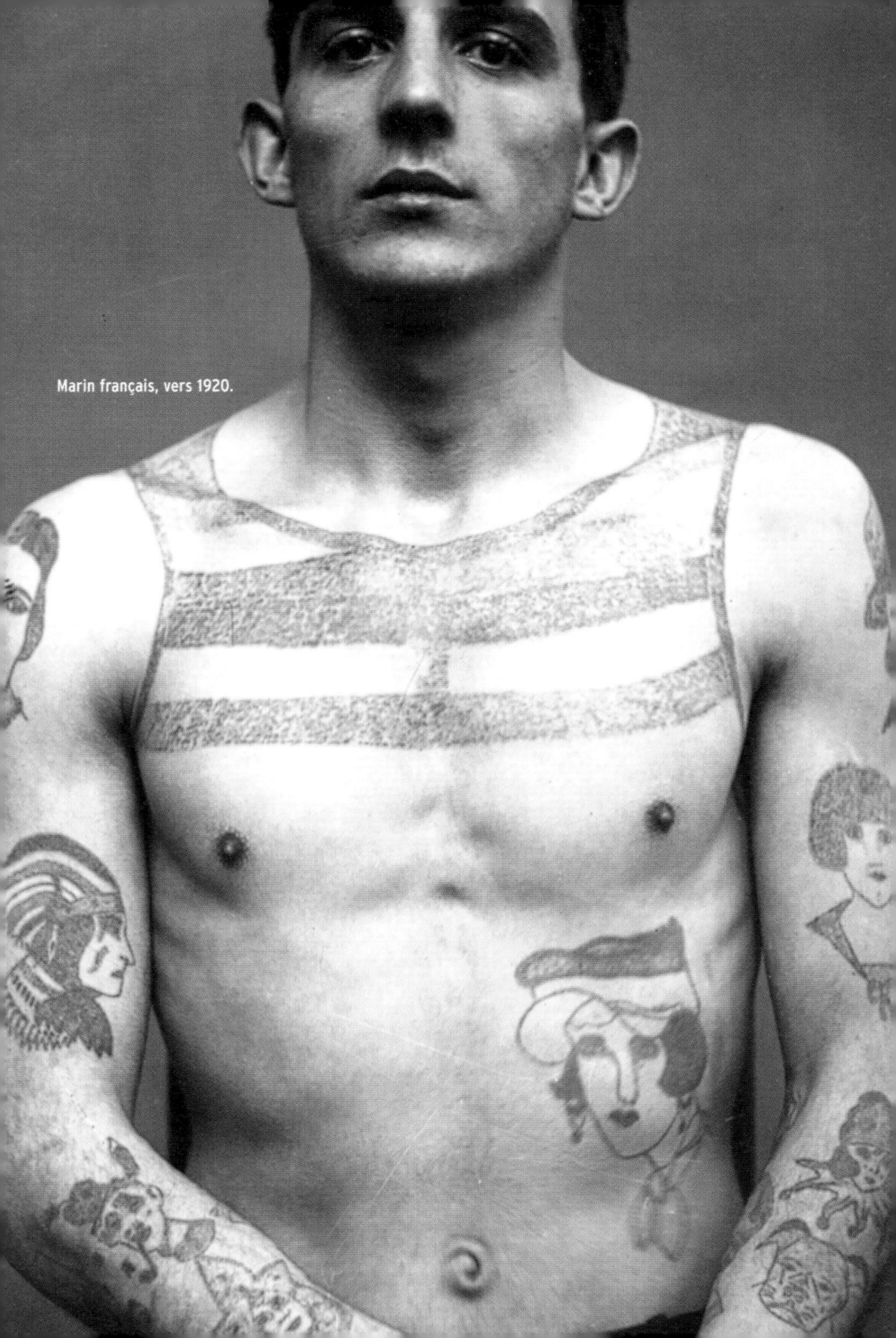
Marin français, vers 1920.

France

Moins répandu que dans la marine anglo-saxonne, le tatouage courre surtout les peaux des matafs indisciplinés.

Les tatouages de marins occupent une place à part en France et dans les pays latins. Nulle comparaison avec les Anglo-Saxons qui l'ont érigé en uniforme indispensable. Le mataf français, lui, offre timidement sa peau aux aiguilles. Excepté dans la première moitié du XIXe siècle où il semble plus fréquent.
Déjà les galériens du roi sont marqués d'un insigne au fer rouge sur l'épaule. Les officiers qui les commandent, membres de l'Ordre de Malte, sont eux tatoués d'une croix ou d'un crucifix. À l'époque de la marine à voile, le premier vaisseau de Haut bord, *La Couronne*, construit en 1638 embarque à son bord un tatoueur : le tatoueur est l'invité de l'armateur. C'est un passager privilégié qui vit de son art. Le tatoueur de *La Couronne* a acquis une certaine célébrité dans les annales maritimes par la qualité de ses dessins. Sa renommée était telle que les marins demandaient leur affectation sur son bateau pour bénéficier de son habileté. Les tatouages ont commencé à fleurir sur les peaux des marins à l'occasion des grands voyages maritimes. La tendance atteint son apogée à l'époque des pontons anglais. Pendant les guerres de l'Empire, à la suite de désastres maritimes répétés, plus de 120 000 Français se trouvent prisonniers en Angleterre. Les pontons -une cinquantaine en 1814, mouillés à Plymouth, Portsmouth et sur la rivière Mersey- sont de vieux vaisseaux britanniques ou des bâtiments étrangers, généralement des deux-ponts et plus rarement des trois-ponts. Déclassés et désarmés, ces bateaux-bagnes accueillent les marins capturés. Véritables sépulcres flottants, les détenus y sont rongés par la faim et la maladie. 27 000 d'entre eux ne reverront jamais la France. Prisonnier et marin : deux bonnes raisons de se marquer. À cette époque, il est difficile de trouver un matelot vierge de toutes marques. Quelques-uns portent une simple étoile ou encore une ancre câblée, mais le plus grand nombre arbore un corps couvert de dessins (notamment des scènes de meurtres de marins anglais par des confrères français, surmontées de l'inscription Mort aux Anglais).

Preuve de sa fréquence à l'époque, le tatouage devient un sujet d'étude scientifique. Les premiers à s'y intéresser sont donc les médecins

Le tatouage français de marin est le plus souvent réalisé à bord et à la main avec des aiguilles de fortune.

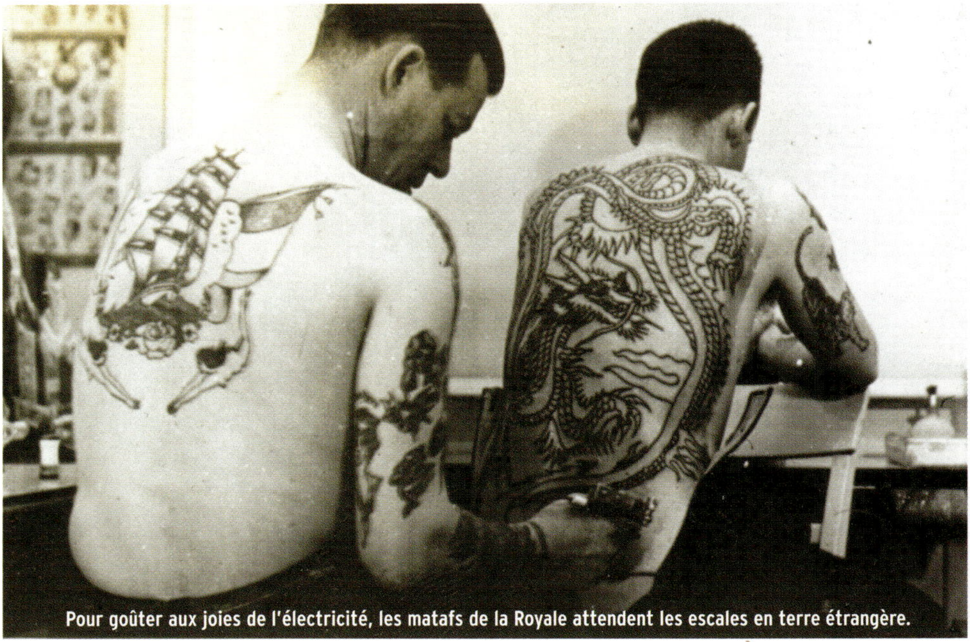

Pour goûter aux joies de l'électricité, les matafs de la Royale attendent les escales en terre étrangère.

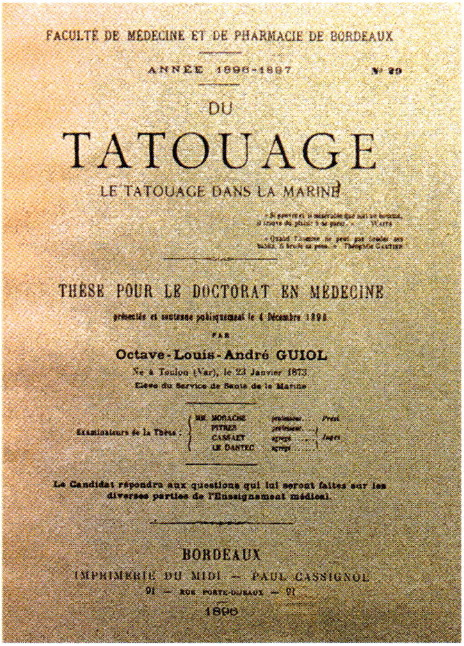

FACULTÉ DE MÉDECINE ET DE PHARMACIE DE BORDEAUX

ANNÉE 1896-1897 N° 29

DU

TATOUAGE

LE TATOUAGE DANS LA MARINE

THÈSE POUR LE DOCTORAT EN MÉDECINE

présentée et soutenue publiquement le 4 Décembre 1896

PAR

Octave-Louis-André GUIOL

Né à Toulon (Var), le 23 Janvier 1873

Élève du Service de Santé de la Marine

Examinateurs de la Thèse : MM. MORACHE professeur... Prés. ; PITRES professeur... ; CASSAET agrégé... ; LE DANTEC agrégé... Juges

Le Candidat répondra aux questions qui lui seront faites sur les diverses parties de l'Enseignement médical.

BORDEAUX

IMPRIMERIE DU MIDI — PAUL CASSIGNOL

91 — RUE PORTE-DIJEAUX — 91

1896

Les médecins de marine, préoccupés par l'hygiène à bord, sont les premiers à s'intéresser au tatouage.

de marine (Hutin en 1853 et ses *Recherches sur le tatouage*, Tardieu en 1855 dans les *Annales d'hygiène publique*, puis les Dr Grouzer en 1894 avec *Tatoueurs et tatoués maritimes* et Guiol en 1896 avec *Le tatouage dans la marine*). Le docteur Berchon traite la question en 1869 dans son *Histoire médicale du tatouage*, devançant ainsi les criminologues comme Lombroso ou Lacassagne. "Médicale", l'étude tente de cerner les éventuelles complications que peut entraîner la pratique du tatouage sur un navire où l'hygiène est réduite au minimum et l'environnement peu favorable à une saine cicatrisation. Les cas pathologiques relevés par Berchon dissuaderaient les plus intrépides. Certains sont empruntés à l'article de R.-P Lesson *Du tatouage chez les différents peuples de la terre* publié dans les *Annales maritimes et coloniales* en 1820. Véritable précurseur, R-P Lesson, officier de santé de la marine, s'est rendu célèbre comme naturaliste de l'expédition de la Coquille, avant de devenir Premier pharmacien en chef au port

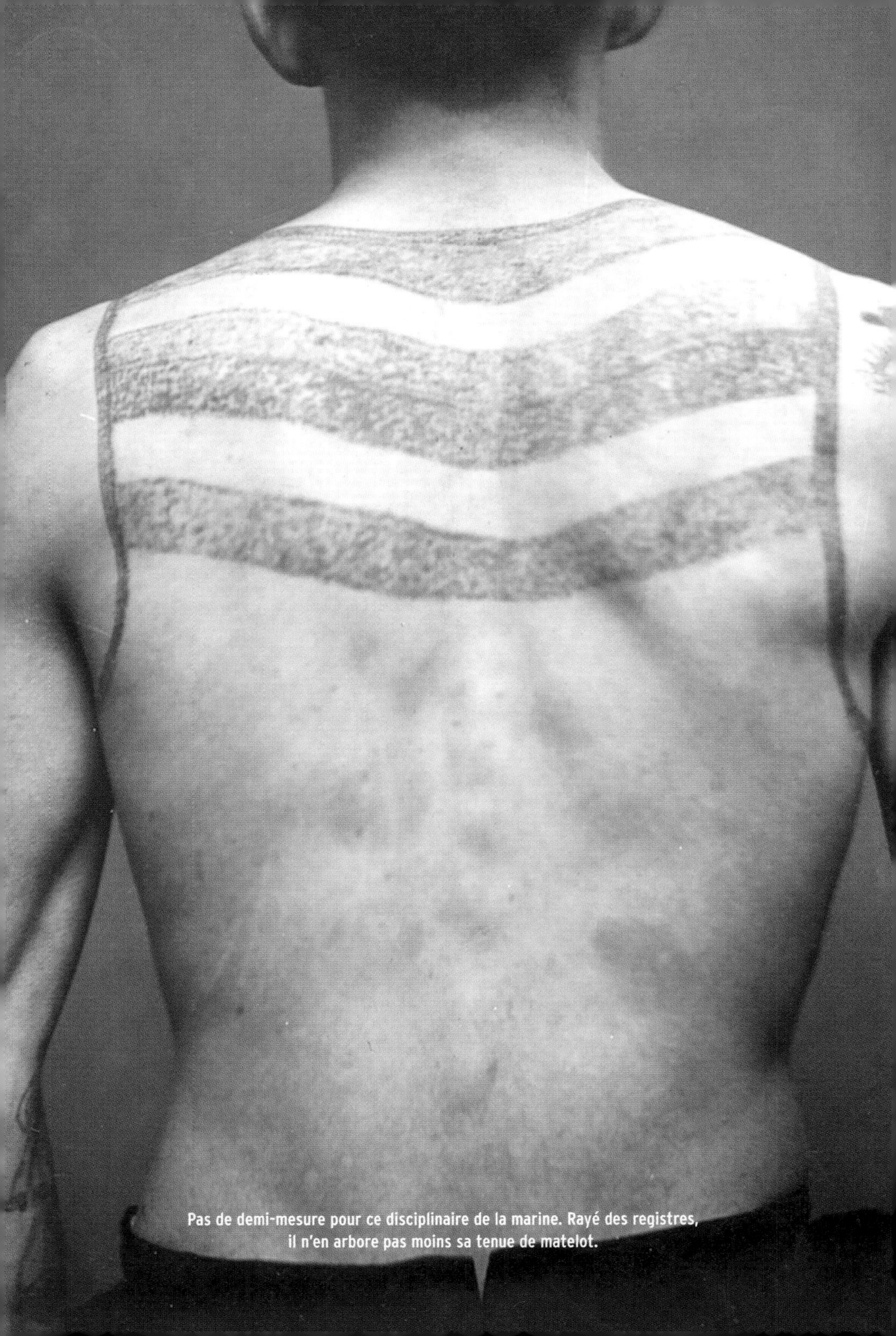

Pas de demi-mesure pour ce disciplinaire de la marine. Rayé des registres,
il n'en arbore pas moins sa tenue de matelot.

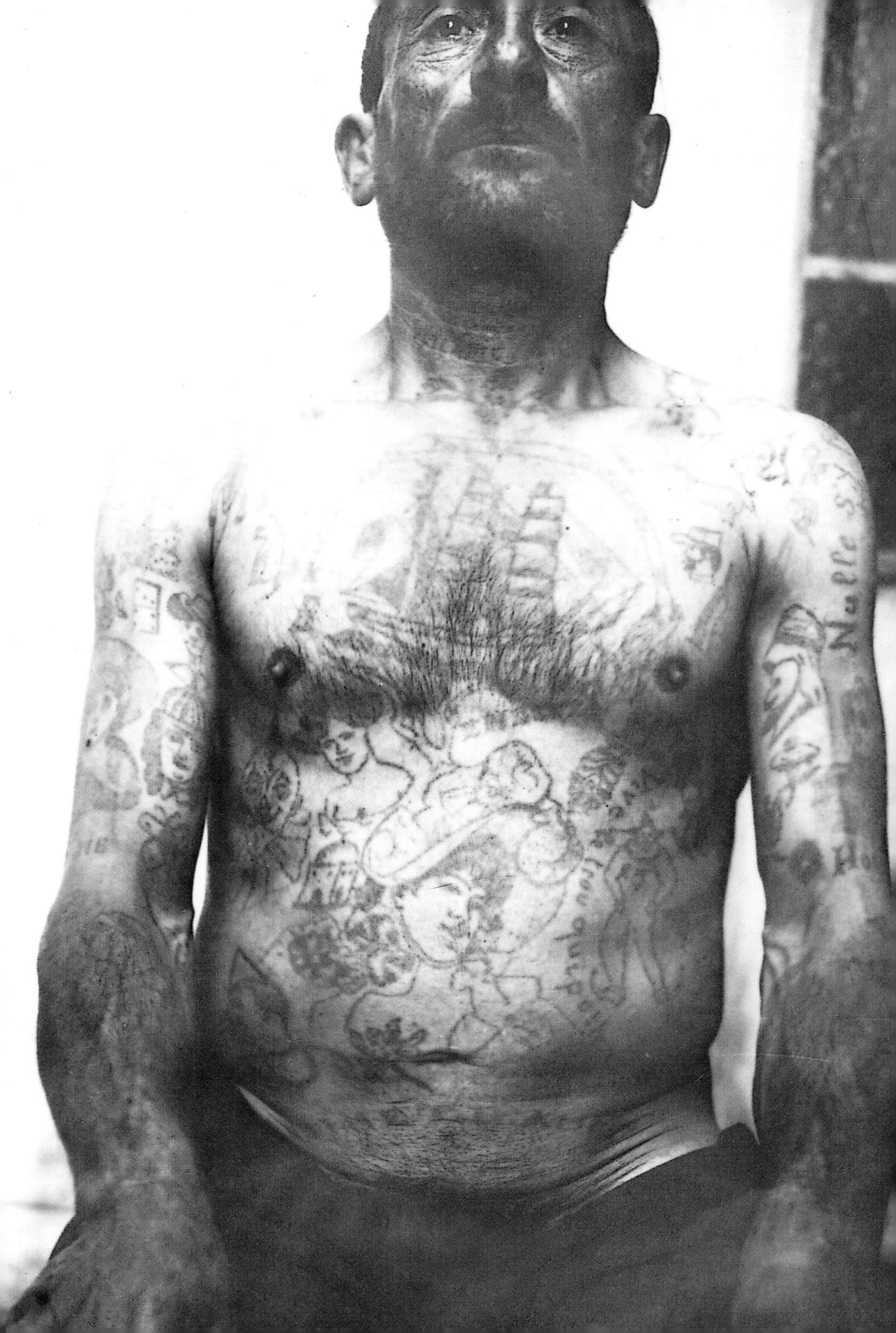

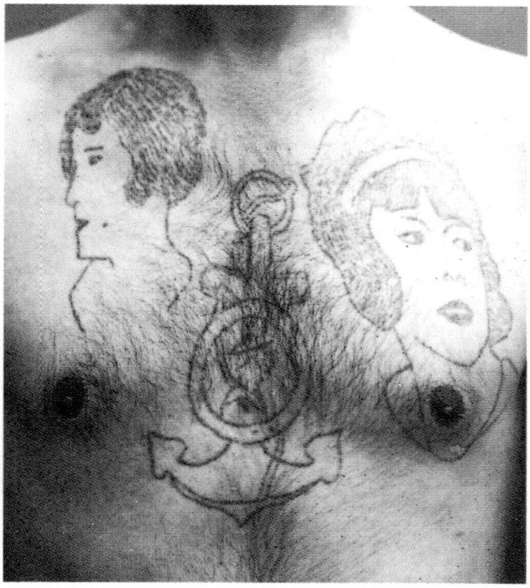

Les motifs tricolores sont plus réalistes que leurs cousins anglo-saxons... et aussi de facture plus artisanale.

de Rochefort. Gangrènes, inflammations diverses, formation d'anévrismes, prurit... la liste n'en finit plus des maux dus à des matières colorantes inappropriées ou des aiguilles non aseptisées. Selon Berchon, la technique employée par les Polynésiens aurait dû donner l'alerte sur les dangers du tatouage : *"Ces derniers ne pratiquent en effet cette opération qu'à des époques assez éloignées les unes des autres ; ils ne prolongent pas leur séance au-delà de quelques heures (...) L'emploi topique de la décoction émolliente des feuilles de Bourao (...) indique aussi suffisamment les craintes qu'ils ont de l'inflammation".*

En conséquence, dès 1831, les autorités sévissent avec un premier décret interdisant le tatouage dans les armées de terre et de mer. Rebelote en 1841. Mais ces mesures de répression sont vite oubliées. En 1860, à la suite des études du Docteur Berchon mettant en évidence les dangers d'une telle pratique, l'inspecteur général du service de santé de la marine adresse un rapport à l'amiral Hamelin alors ministre. Un nouveau décret d'interdiction est promulgué le 11 février 1860, mais qui ne prévois pas de punition. La question est reprise en 1910, à cause de la fréquence des tatouages crapuleux, notamment exécutés sous l'influence des disciplinaires des Sections Spéciales de Calvi ou des pensionnaires des prisons maritimes, rois de la bouzille. Les problèmes d'hygiène ne sont plus à prévenir, en revanche la santé morale des matelots est à préserver. Le tatouage est alors considéré comme une infraction à la discipline et punie dans certains cas. L'arrêté du 17 avril 1924, qui prévoit des mesures plus sévères n'a pas plus d'effet. L'enquête menée par le Docteur Coureaud, et publiée en 1929, fait régresser le nombre de motifs crapuleux. Il livre les clés pour comprendre les symboles tatoués. La circulaire du 7 novembre 1913 prend alors toute son importance. Elle stipule de relever les tatouages et de les inscrire à la rubrique signes particuliers du livret matricule. Enfin, en 1933, les marins pris sur le fait écopent de 80 jours de prison.

À la fin du XIXe, le temps de la marine à voile est bien révolu. Finis les classiques frégates et les trois-mâts sous voiles, les paysages océaniens aux palmes de cocotiers décoratives, la scène du harponnage de la baleine ou du cachalot et les nus féminins. Les jeunes matelots, à la fin du grand "long cours", se contentent modestement d'une petite ancre mouillée à jamais entre le pouce et l'index -un grand classique- ou un cœur percé d'une flèche souligné d'un nom ou d'une date. En 1894, le Dr Grouzer estime à 5 % le nombre de marins tatoués, et en 1896, Guiol en compte 10 %.

En France, les tatoueurs professionnels ne sont pas nombreux. Les rares à exercer leur art contre de l'argent attendent la clientèle dans les ports (on en compte un ou deux par ville portuaire). Installés dans des auberges, ils pratiquent sur un coin de table. Comme à Hon-

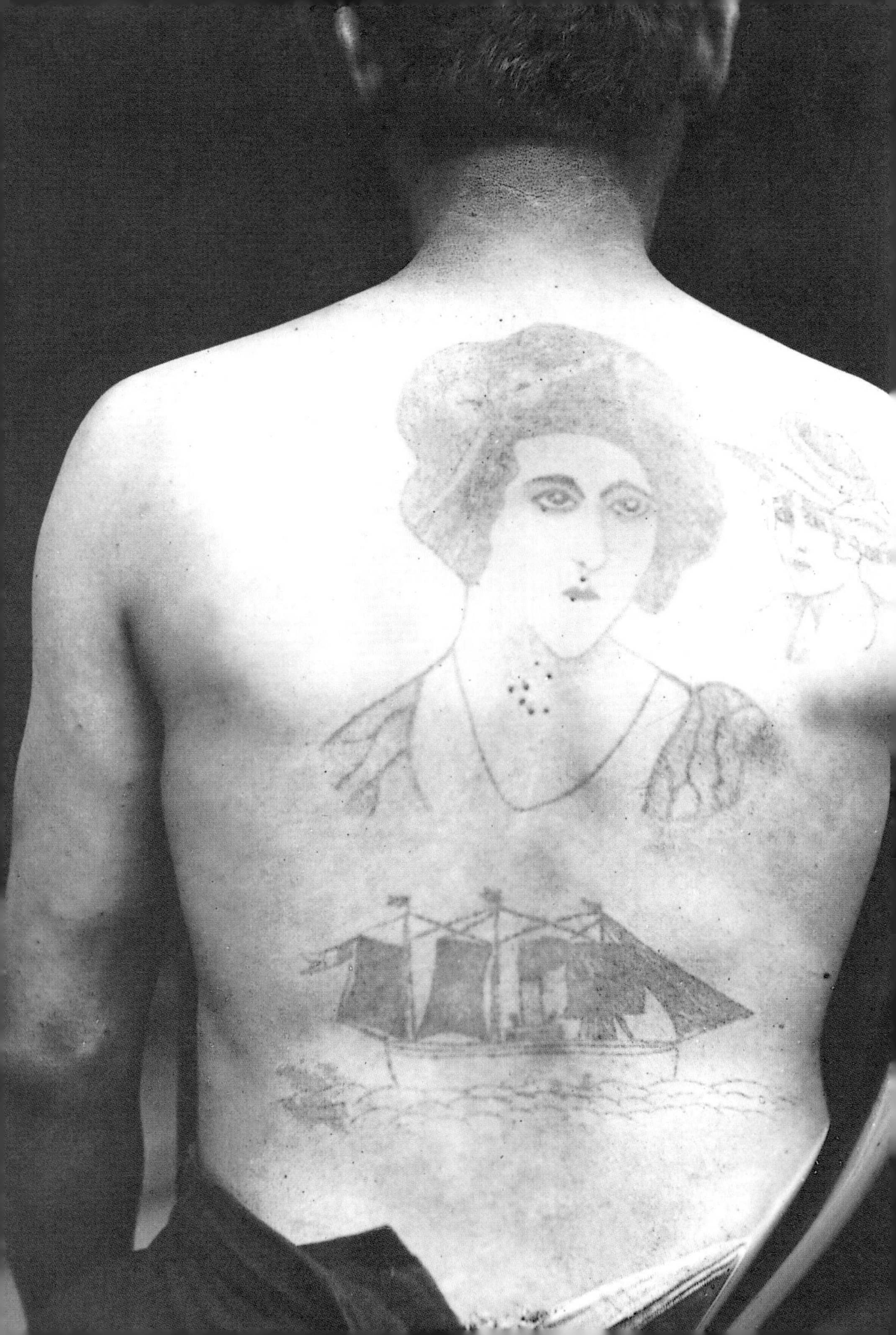

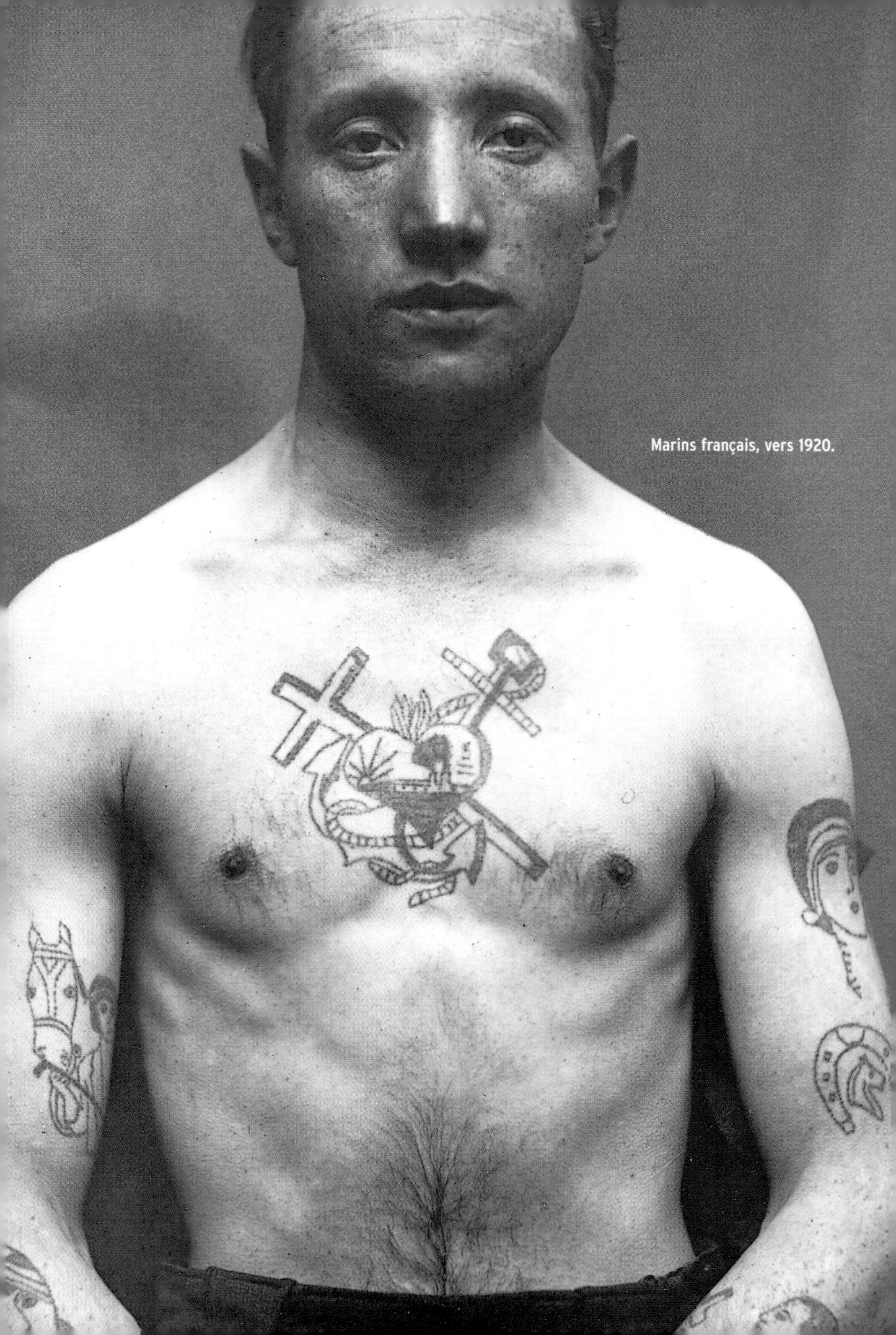

Marins français, vers 1920.

fleur, où vers 1875 officie un tatoueur. Les marins le visitent dans l'estaminet qu'il occupe sur l'un des quais. Et contre un bock ou une pièce, il les décore. D'autres matafs passent sous les aiguilles de prostituées. Elles pratiquent dans les maisons de tolérance situées sur les quais des villes de commerce, par exemple sur le quai de la fosse à Nantes.
On se pique évidemment lors des escales. Les Français, comme les autres, fréquentent les praticiens de New York. O'Reilly est réputé et l'on se "refile" son adresse. Un autre Irlandais écume lui les dortoirs à marins du Navy yard de Brooklyn, proposant ses services aux étrangers. Beaucoup se décorent dans les mers du sud, et aux Îles Sandwichs comme à Pondichery. Ils sont même piqués par d'autres marins sur le pont de leurs navires dans les ports de relâche.
Le plus souvent, le tatouage a lieu à bord, pendant la traversée, en dehors des heures de service, et surtout quand les matelots sont punis. Ils ne savent comment se distraire. Pour tuer le temps, ils se marquent eux-mêmes ou piquent leurs compagnons. C'est le plus souvent l'imitation, le désœuvrement, la "pression" des anciens qui poussent le matelot sous les aiguilles. Les tatoués sont également sollicités par leurs jeunes compagnons, comme cet ouvrier mécanicien réputé qui fait choisir à ses clients les motifs sur son propre corps. D'autres proposent leurs œuvres sur catalogue ou plutôt sur un cahier d'écolier. C'est le cas de Janin, interrogé par Berchon à l'hôpital maritime : *"Habile tatoueur (...) il s'est empressé de nous remettre tout ce qui avait servi à ses divers tatouages, en nous démontrant la manœuvre et toutes les phases du mode opératoire suivi. Son sac d'hôpital renferme un cahier de dessins grossièrement coloriés où se remarquent plusieurs des figures reproduites en divers points de son corps. Le prix est noté au-dessous de chaque image et varie de 50 centimes à 2 et 3 francs."* Janin le matelot s'est fait piquer en 1859. Son premier tatouage fut une bague sur le médium de la main gauche. Lors d'une seconde séance, il s'est fait encrer l'intérieur des deux bras : rose et buste de femme pour le droit, pensée et buste de général pour le gauche. L'opération a duré trois heures. Rebelote peu après sur les bras qui reçoivent un buste de brigand espagnol, et une liberté coiffée d'un bonnet phrygien agitant d'une main un drapeau tricolore et tenant dans l'autre une épée. Janin termine par deux femmes nues, sur la poitrine, tenant à la main une longue guirlande de fleurs qui les unies, surmontées d'un amour ailé et armé, entouré lui-même de fleurs formant nuages. Le tout en noir et rouge. Janin emploie cinq aiguilles réunies et fixées à l'extrémité d'un petit morceau de bois. Certains en utilisent de trois à cinq et jusqu'à onze pour remplir les surfaces importantes. D'autres les font passer à travers un bouchon de liège ou les lient par du fil. Le tatoueur travaille à main levée ou utilise une feuille de papier parsemée de petits trous qui suivent le dessin représenté dessus. Il applique la feuille sur l'endroit à tatouer et la passe au noir

Les marins indisciplinés qui finissent leurs temps au Bataillon d'Afrique sont d'abord passés par la prison maritime. On les reconnaît au mataf crucifié qu'ils arborent.

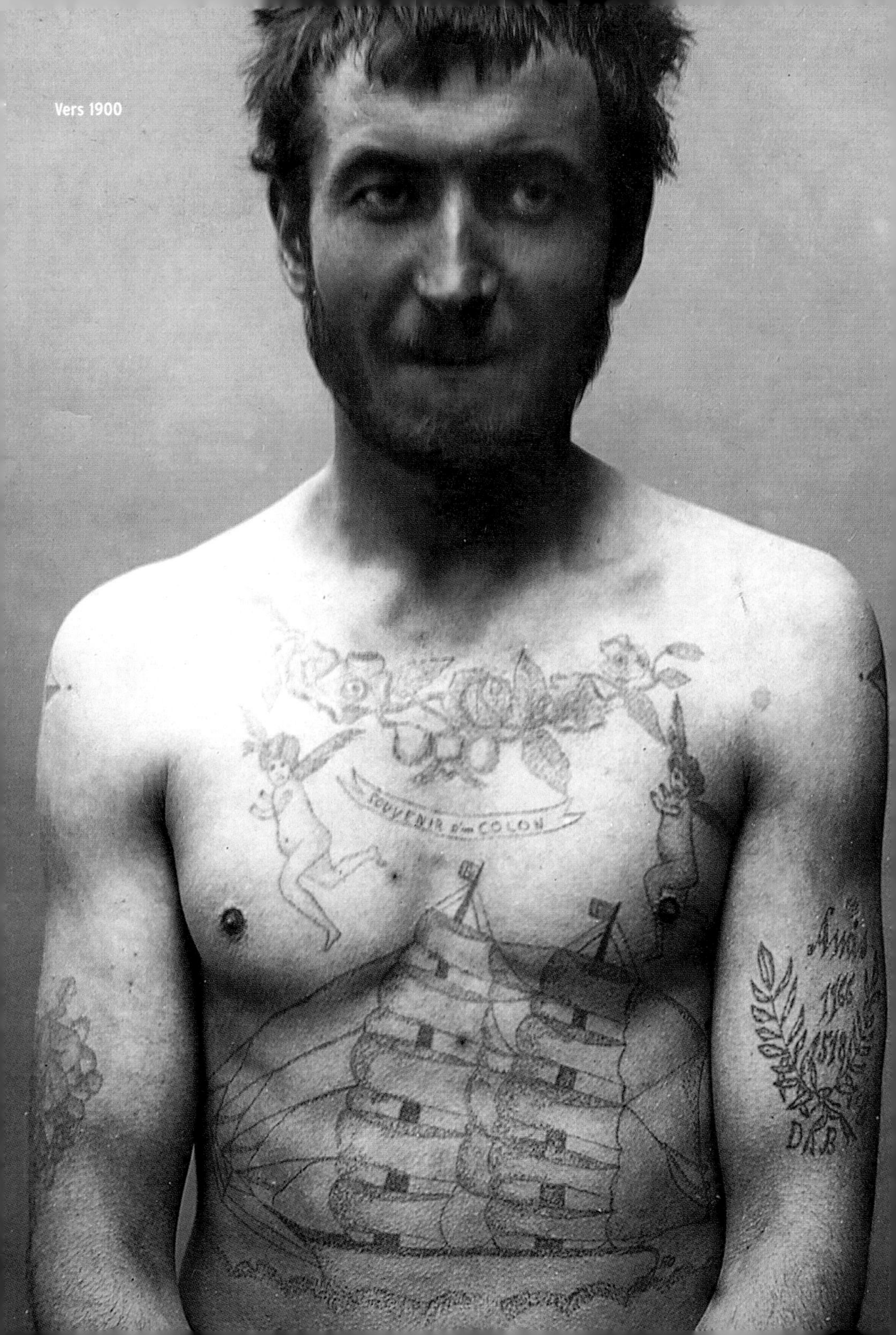

Vers 1900

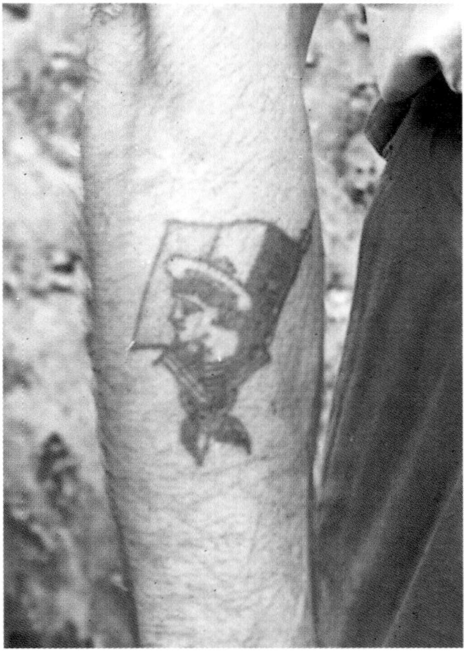

Surtout répandus dans la Royale, les tatouages sont à forts relents patriotiques et quelquefois romantiques.

de fumée par exemple. Ne reste plus qu'à suivre le contour du dessin ainsi esquissé. Sous les peaux, le vermillon côtoie l'encre de Chine. L'opération terminée, le matériel - dessins, couleurs, aiguilles – est rangé dans une boîte et les tatouages sont recouverts d'urine.

Les motifs représentés sont d'une grande variété. Imagination propre au matelot ou pâle copie des dessins du copain, tout est bon. Cependant certaines inscriptions ou emblèmes peuvent être rangés dans des catégories précises. La mélancolie du pays ou plus souvent de l'être aimé donne lieu à des "Louise, à toi pour la vie", "Gloire aux femmes", "Saint-Étienne, beau séjour où sont mes amours, Mariette G..., à toi ma pensée, ma bien-aimée pour toujours", ou plus tristement, "Mort aux femmes infidèles", "Maudites soient les femmes", "L'amour ne donne pas assez de joie en échange des maux et des douleurs qu'il prépare"... Le matelot se sert aussi de sa peau comme d'un agenda où il inscrit les principaux épisodes de sa vie : l'un se contente d'une ancre câblée symbole de la marine ou de copier la devise "Honneur et patrie" inscrite sur la roue du gouvernail ; un autre arbore l'énumération de ses campagnes "Madagascar, Guadeloupe, Tonkin 1883, souvenir de Kélung..." ou le nom des ports où son navire à fait relâche. Aux côtés des classiques trois mâts, on rencontre des cœurs enflammés percés d'une flèche, des sirènes, des étoiles (souvent cinq comme en portent les amiraux). Le dos de la main ou la tabatière anatomique (entre le pouce et l'index) hébergent souvent une ancre ou une rose des vents. Le marin aime exhiber ses tatouages… Les plus mariolles se font dessiner un costume complet d'amiral ou des épaulettes. Les poitrines s'ornent de la figure de Jean Bart, ou de sentences sans appel : "Marine et confu-

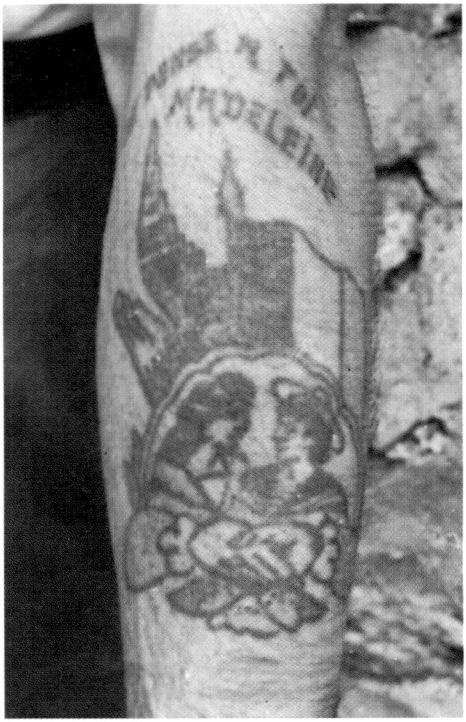

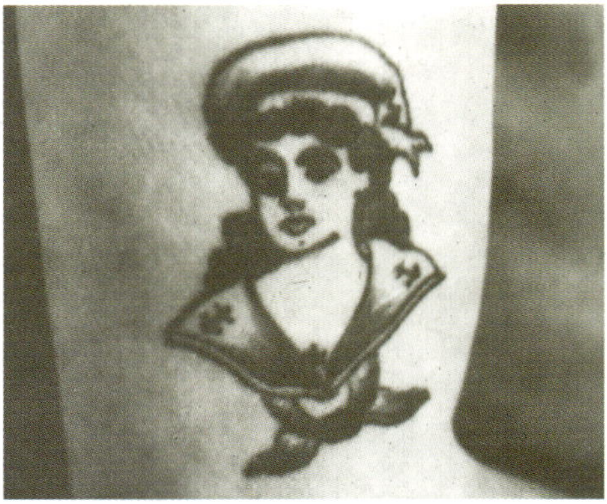

Les femmes courent sur les peaux des marins. Maigre consolation durant les semaines de solitude à bord.

sion, pestes et colonies", "Marine je suis venu sans te connaître, je te servirai sans t'aimer, je te quitterai sans regret", "La marine sera mon tombeau"...

Les gabiers sont sans conteste les plus tatoués, suivis de près par les canonniers. Et à la différence des Anglais, seuls les officiers sortis du rang présentent des marquages, hormis un polytechnicien resté célèbre qui portait une ancre sur le front.

En réalité, les marins les plus tatoués ne se trouvent pas sur les bateaux mais au fond des cellules des prisons maritimes ou dans les compagnies de discipline. Les motifs ne manquent pas : vol, ivresse, désertion, dispersion d'effets d'équipement, outrage à des supérieurs, coups et blessures, violence, voie de faits... Autant de délits militaires qui condamnent le marin. Une fois dans la cellule, il observe ses camarades, bien souvent marqués, et se met à l'unisson.

Avec un certain ressentiment : "Victime du col bleu", "vendu pour sept ans", "sept ans de malheur..." s'étalent sur les peaux. Quant aux dessins les plus courus, ce sont la tête de forban dans un croissant avec un cimeterre (avant de faire les lois, respectez mon droit, révolte), et le marin crucifié dans le dos (souvenir de la prison maritime)...

Nombre de tatoueurs ont appris leur métier derrière les barreaux de la taule de Toulon ou dans les cages de l'*Hercule*, un pénitencier flottant amarré à Brest. Ils peuvent imiter les marins incarcérés et surtout les disciplinaires qui attendent le conseil de guerre en prison. Ces derniers, champions de la pratique, sont les meilleurs professeurs. Érigé en tradition dans l'ensemble de Biribi (terme générique désignant l'instrument répressif de l'armée française), le tatouage couvre les corps des garçons passés par les compagnies de discipline de la marine et des colonies (stationnées dans la deuxième moitié du XIXe dans l'île des Saintes aux Antilles, puis à Madagascar et au Sénégal) et par les bat d'af (en sortant du pénitencier -condamnation à plus d'un an- les marins finissent leurs temps d'engagement aux bataillons d'Afrique).

Certains, comme Jean, engagé en 1881, en profitent lorsqu'il croise la route des disciplinaires. Embarqué la première année de son service sur un transport de guerre qui conduit les fortes têtes au Sénégal, il est séduit par les dessins d'un transporté tatoué. Ce dernier fait circuler des cartes de visite en cachette parmi l'équipage. Les amateurs choisissent leurs motifs et s'isolent avec l'opérateur dans un coin reculé du bateau durant les quelques heures de liberté du disciplinaire. En 1910, les compagnies de discipline sont transformées en sections spéciales et stationnées à Calvi en Corse et dans la forteresse d'Oléron. Les anciens en repartent avec un petit souvenir qui les désigne aux yeux des affranchis : une grappe de raisin pour les anciens de Calvi et une tête de matelot avec une pelle et une pioche pour Oléron et Calvi.

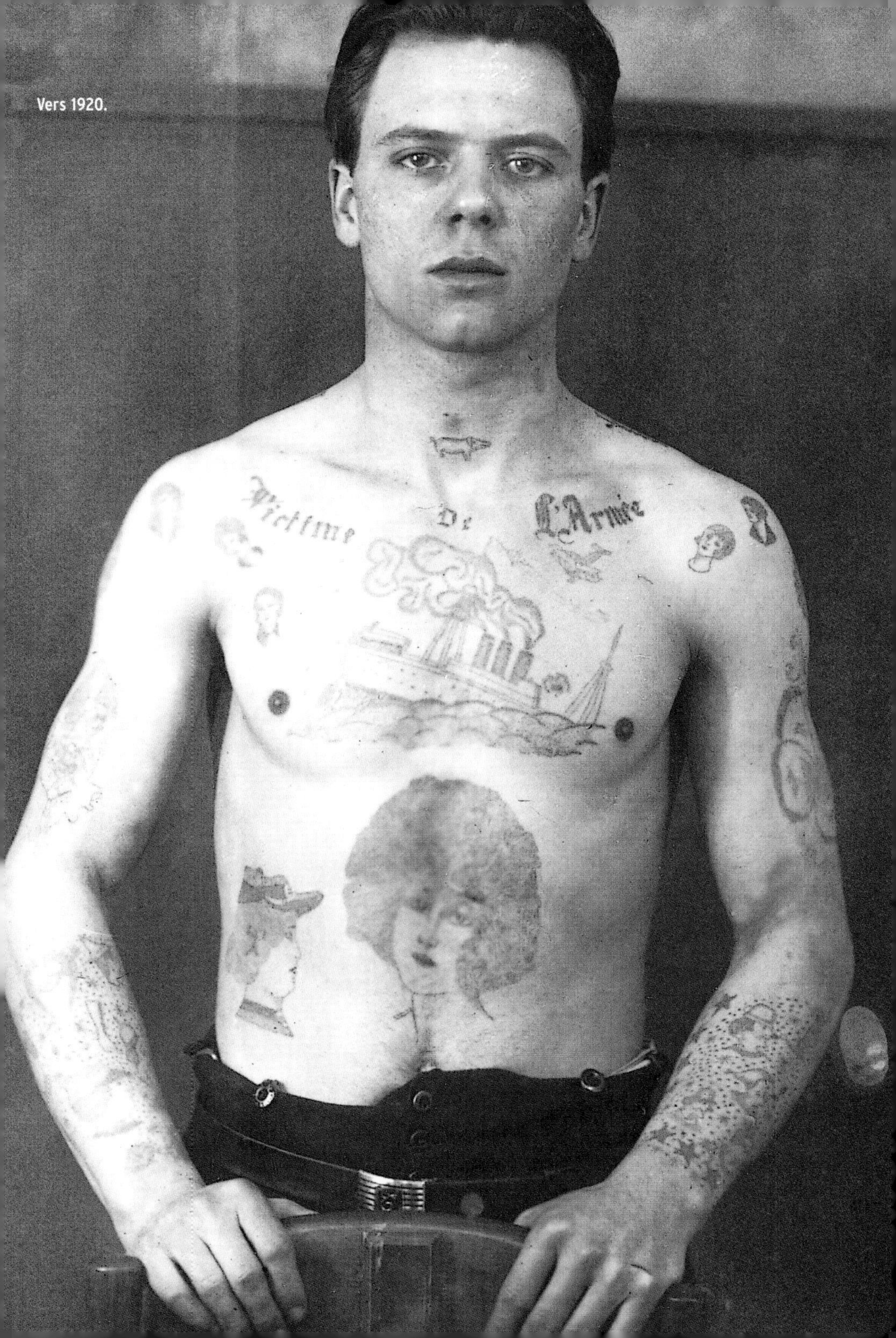

Vers 1920.

TOUT
SAVOIR
TOUTE LA VIE DU MONDE PAR LE TEXTE
ET PAR L'IMAGE
MENSUEL — MAI 1958 — 120 fr.
Belgique : 20 fr. — Suisse : 2 fr. — Canada : 25 cents.
LE MONDE
ETRANGE DES
TATOUÉS
LA FRANCE PRÉPARE LA BOMBE ATOMIQUE, par J. Bergeal
LA TERRE VA-T-ELLE ÉCLATER ? par Pierre Devaux
Y A-T-IL UN SCANDALE DE L'ASSISTANCE PUBLIQUE ? par M. Brugeneur

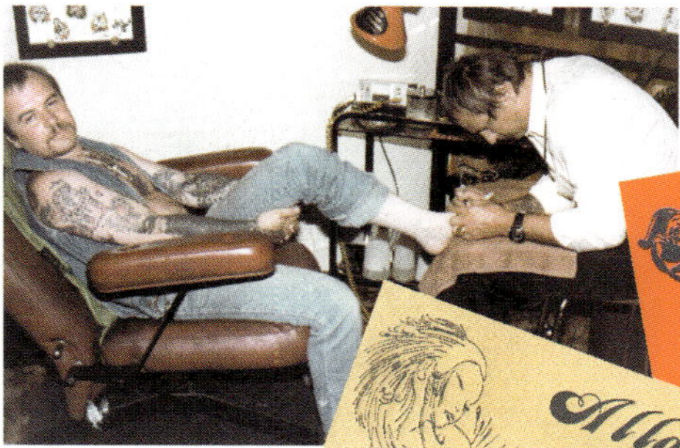

À la fin des années 1970, Allan s'installe à Marseille. Déception pour lui, la ville est un port de commerce.

Au début des années 1960, les marins en goguette à Montmartre fréquentent la rue Germain Pilon, chez Bruno. Il est le premier Français à s'installer en boutique en 1963. Après une première expérience dans la vente de fruits et légumes, Bruno se lance dans le tatouage sur les conseils de son beau-frère, le fameux Tattoo Peter d'Amsterdam. Pendant quelques mois, les deux hommes écument en camion les bases américaines installées en Allemagne et dans les ports de la mer du nord. En rentrant en France, Bruno décide de s'installer au Havre. Hélas, si les navires sont bien à l'encrage, les marins manquent à l'appel. L'explication est simple : les taxes portuaires prélevées dans les ports français sont plus élevées que dans les autres ports européens. Conséquence, les compagnies paient une prime aux marins et aux dockers pour que le déchargement soit rapide. Personne n'a le temps d'aller au bistrot et encore moins de se faire tatouer… Bruno n'a pas de meilleur résultat avec les pêcheurs du grand bassin de la pêcherie qui boudent les sirènes et autres trois-mâts qu'il leur propose.

En 1978, Allan, figure aujourd'hui disparue, connaît les mêmes déconvenues. Après un service militaire dans la Royale et un Popeye encré par Bruno, il décide de s'installer à Marseille, symbole pour lui de la marine et des tatoués. Mais les pompons rouges ne se bousculent pas. Marseille est un port de commerce. Excepté lorsque l'*USS Nimitz* relâche. Les cinq mille marins américains déferlent sur la ville par groupe de deux cents. Chez Michel tatouage, rue Thiers en haut de la cannebière, ils attendent en file sur le trottoir de 14 h 00 à 24 h 00. Un quart d'heure par mec, pas plus.

Plutôt que Marseille, les militaires fréquentent Toulon, notamment chez Nino.

Installé en 1975 à Chicago, le quartier chaud de la ville, il voit défiler des colonnes de tee-shirts rayés dans son office, au premier étage d'un bar : *"Quand les bateaux ricains mouillaient dans la rade, je ne pouvais pas assurer. Les mecs arrivaient par centaines. Mes frères m'aidaient à préparer les machines et le reste. Je donnais aux marins des numéros comme à la sécu. L'avantage, c'est que je travaillais en bar, les gars buvaient des coups en attendant leur tour. Au bout de quelques heures et de quelques verres, ils se battaient entre eux pour les places. L'atmosphère étant tendue, je gardais un truc à la ceinture pour les calmer. Normalement, j'ouvrais de 13 h 00 à 2 h 00, mais là c'était jour et nuit."* Les Français

Bruno pose son camion à Pigalle en 1960. Après une vaine tentative d'implantation au Havre.

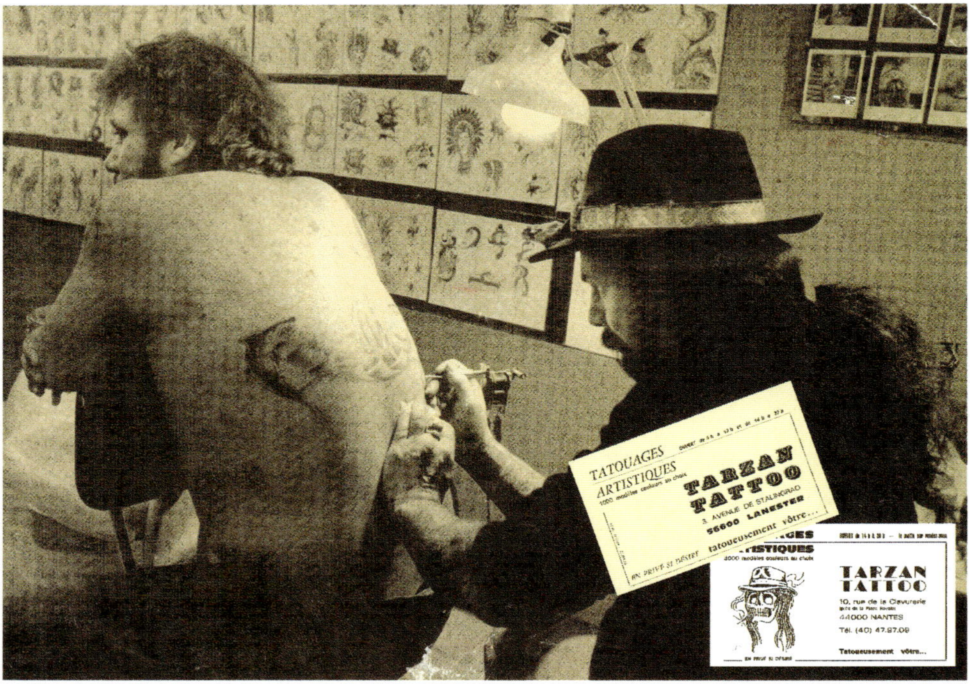

Ancien des campagnes de pêche à St Pierre et Miquelon, Tarzan s'installe à Lanester avant de se poser à Nantes.

qui venaient à 17 h 00 en sortant de l'arsenal, et qui constituaient 80 % de la clientèle en temps ordinaire, restaient en retrait le temps du débarquement U.S. *"Aujourd'hui, les Américains ne viennent plus ou alors seulement pour regarder. Depuis le début des années 1980, les Italiens et les Espagnols les ont remplacés"*, conclue Nino.

Jusqu'aux années 1980, les tatoueurs des ports français continuent d'orner l'épiderme boucané des marins de tous les pavillons. En Bretagne, en 1978, trois studios ouvrent leurs portes : Tarzan ancien Terre neuvas est installé à Lanester près de Lorient (il a d'abord été à Saint-Pierre et Miquelon en 1977), Gilles est à Brest dans le quartier du port et Manu au Havre.

Une pin-up made in Toulon pour ce marin du Clémenceau.

Ce dernier en a encré des sirènes et des voiliers. Installé dans le quartier du port Saint François, coin des pêcheurs, il réouvre pour les marins, passant des nuits entières à piquer et faire la fête. Les pêcheurs aussi se laissaient tenter. De passage à Saint Malo en 1976, Manu accueille les Terre-neuvas dans son camion aménagé. Les forçats de la mer qui partent pour de longues campagnes de pêche à la morue veulent coller à la légende.

En 1980, Tarzan ouvre à Nantes et un an plus tard, c'est au tour de Jo Marina, originaire de Saint-Nazaire, ancien ajusteur devenu dessinateur industriel, de s'installer au 47 quai de la fosse. En

En 1978, Gilles ouvre dans le quartier du port à Brest.

1983, Vincent-Alain Gautron, démobilisé de la marine après avoir sillonné les mers du sud et visité les studios d'Hawaï et de San Francisco, accroche son enseigne à Lorient. En 1984, c'est Jean-Paul Lévèque dit Vercingétorix qui se pose à Saint-Malo.

Les studios se montent, mais la tradition du mataf colorié n'est déjà plus qu'un souvenir.
De temps en temps, un garçon se laisse aller, comme Patrick lors du service militaire effectué à 18 ans, en 1984. Et de la manière la plus traditionnelle : *"A la main, sur une coupée de bateau, pendant un tour de garde. C'était mon surnom -Tank- tapé à l'aiguille. Le T, le A et le N, ça allait... après c'est devenu merdique."*
À la première escale, à Amsterdam, il rentre par hasard dans une boutique du quartier rouge, celle d'Hanky Panky qui se charge de l'arrangement : *"Il m'a retapé l'écriture et ajouté un parchemin, ainsi qu'un as de pique."* De retour à Brest, il passe sous les aiguilles de Gilles, tatoueur local, pour se faire entourer le tout d'une chope de bière. Jammy a, lui, exercé ses talents à bord du *Foch* en 1988-1989. À chaque escale, il sort le matériel, s'installe dans sa cabine et répond à la demande : aigle, insignes de l'aéronavale, souvenir des pays visités...
Jusqu'à ce qu'il se fasse confisquer la machine deux mois avant la quille...

Aujourd'hui, à part quelques isolés, les matelots résistent au chant des sirènes du tatouage. Sans doute parce que leur marque de fabrique est désormais noyée dans une déferlante d'encre.

Crédits photos : collection privée

Copyright octobre 2004/éditions Larivière
12, rue Mozart - 92587 Clichy Cedex.
Dépôt légal octobre 2004
ISBN : 2-84890-084-9

Imprimé en France par Oberthur Graphique à Rennes
Ouvrage réalisé sous la direction de Pascal Galodé
Assistante d'édition : Nathalie Perrin
Conception graphique : Michel Joly
Photogravure : Daniel Lesven

Editions Larivière